Hanne Häuser
Die Lebensweisen

Über die Autorin

Hanne Häuser ist staatlich anerkannte Altenpflegerin und hat sich nach vielen Jahren Berufserfahrung in diversen Altenpflegeeinrichtungen selbständig gemacht. In ihrem Privathaus nimmt sie pflegebedürftige Menschen als Gäste auf und betreut sie individuell über einen bestimmten Zeitraum, um so pflegenden Angehörigen eine Auszeit zu ermöglichen.

Hanne Häuser

Die Lebensweisen

Bereichernde Begegnungen mit Menschen an ihrem Lebensabend

GerthMedien

Copyright © 2024 Gerth Medien in der SCM Verlagsgruppe GmbH, Berliner Ring 62, 35576 Wetzlar

1. Auflage 2024
Bestell-Nr. 821052
ISBN 978-3-98695-052-1

Umschlaggestaltung: Mareike Schaaf
Umschlagmotiv: Shutterstock / UBC Stock
Satz: Vornehm Mediengestaltung, München
Druck und Verarbeitung: GGP Media GmbH, Pößneck
Printed in Germany

www.gerth.de

INHALT

PROLOG 7

FREUDE AM LEBEN 15
    Margarete 15
    Elisabeth – Altsein hat seine Privilegien 22
    Leben heißt Veränderung 27
    Ruhestand und neues Leben 34

DEMENZ 43
    Ausgewählte Worte mit Bedeutung 43
    „Amüsett" und andere erfundene Worte 47
    Alma als Wohltäterin 57
    Begegnung in der Welt der Demenz 63
    Edwin hat Heimweh 68
    Veränderung im Alter? 71

LANGES LEBEN 75
    Zweimal gestorben 75
    Herta und Berta 79
    Spaß, Ernst und Liebe 84

Tanz, Tod und Freunde 89

Respekt 94

Heinrich und Karl 99

VERLORENES LEBEN 105

Wo die Freude fehlt 105

Erfrorene Füße 117

Fluch und Segen 124

EPILOG 132

Hoffnung über den Tod hinaus 132

PROLOG

Sei du selbst die Veränderung, die du dir wünschst
für diese Welt.

(Mahatma Gandhi)

Fröhliche Feststimmung herrscht in meinem Garten. Genau so liebe ich es! Herrlich laue Sommerluft weht über den Feiernden, die zwischen gut tragenden Obstbäumen und duftenden Blumenstauden umherschlendern oder zusammenstehen. Die weiße, festlich mit bunten Blumen geschmückte Kaffeetafel mitten auf der Wiese ist noch unberührt.

Ich klopfe ans Glas und meine Gäste kommen in die Runde, damit wir anstoßen können.

„Prost, ihr Lieben! Auf uns! Ich freue mich sehr, dass ihr gekommen seid, um mit mir das 15-jährige Jubiläum meiner kleinen privaten Pflegeeinrichtung zu feiern." Ich hebe mein Glas und schaue glücklich in die Runde. *Wie bin ich reich beschenkt mit meinen Beziehungen zu Freunden, Nachbarn und Familie!*, denke ich.

„Auf dich!", ruft Eckhardt.

„Auf die Alten hier!", rufen drei andere Gäste fast gleichzeitig.

„Ja, wahrhaftig. Auf meine Alten!", ergänze ich und stoße mit jedem meiner zwölf Gäste an.

Inge kommt auf mich zu und fragt:

„Hast du im Moment auch Leute hier, die du betreust?"

Ich bin etwas erstaunt über diese Frage, weil ich keine Feier in größerem Stil vorbereiten und durchführen könnte, wenn ich Leute in meinem Haus zu betreuen hätte. Also antworte ich:

„Nein, jetzt nicht, wenn ich privat was vorhabe, kann ich keine Gäste versorgen. Ich befürchte, da würde eins von beidem leiden. Aber übernächste Woche kommt wieder jemand."

„Wie viele Leute haben hier bei dir im Lauf der Jahre eigentlich schon Zuflucht gefunden?", fragt Alfred augenzwinkernd.

„Hm, Zuflucht ...", wiederhole ich und muss über den Ausdruck lachen. „Die meisten meiner Gäste waren hier eher wie Urlauber, würde ich mal sagen – sowohl, was die Aufenthaltsdauer angeht als auch vom Komfort her."

„Erzähl doch mal!", bittet Elisabeth.

„Da ist so viel passiert in den vergangenen 15 Jahren! Für manche war mein Haus tatsächlich eine Zuflucht, weil sie aus einer Notlage heraus zu mir kamen. Einmal rief Frau Schmidt von der Beratungsstelle an, morgens um 7 Uhr, und fragte, ob ich jetzt sofort einen Mann mit Demenz bei mir aufnehmen könne. Seine Frau, die ihn versorge, sei ins Krankenhaus gekommen. Ob er denn nachts schlafen würde, fragte ich. Ich muss das immer fragen, weil ich die Arbeit hier allein mache.

‚Soviel ich von den Angehörigen erfahren konnte, schläft er nachts. Das dürfte kein Problem sein‘, war Frau Schmidts Information. Also willigte ich ein, noch bevor der Tag richtig begonnen hatte.

Und dann kam er, ein Riesenkerl. Er roch nach Rauch und … naja, also, um der Wahrheit die Ehre zu geben: Er stank regelrecht. Nachdem er dann am Abend frisch geduscht und umgezogen war, half ich ihm ins Bett. Doch als ich später nach ihm schaute, war sein Bett leer."

„Ach du Schreck!", ruft Elisabeth und hält die Hand vor den Mund.

„Ja. Ich war in der Tat zu Tode erschrocken."

„Und? Wo war er?"

„Ich habe ihn im Wintergarten gefunden. Da lag er auf der Bank und schlief fest."

„Du meine Güte, wie aufregend." Elisabeth greift sich ans Herz.

„Das könnte ich nicht."

„Das verstehe ich, aber weißt du: Ich liebe diese Herausforderung. Und ich liebe die Alten. Manchmal allerdings waren die Angehörigen anstrengender als die Gäste selbst", ergänze ich und schaue zu meinem Mann Uwe hinüber, der zugehört hat, und wir zwinkern uns schmunzelnd zu. Wahrscheinlich denkt er bei meinen Worten an dieselben Leute wie ich.

„Heißt herausfordernd, dass das sehr schwierige Leute waren?", will Eva wissen und setzt nach:

„Musst du denn eigentlich alle Personen bei dir aufnehmen, die anfragen?"

„Ich muss erst mal gar nichts! Die Entscheidung, ob ich jemanden bei mir aufnehme, liegt allein bei mir. Wenn eine Anfrage kommt, checke ich zunächst mal ganz bestimmte Dinge ab, und dann muss ich überlegen, ob Die- oder Derjenige zu mir passt und zu den anderen Gästen, die zeitgleich hier sind. Und ich muss natürlich abklären, ob ich den entsprechenden Pflegefall ‚händeln' kann."

„Hanne, es ist so gut, was du hier machst!"

Alfred hebt noch einmal sein Glas und prostet mir zu.

„Danke schön!", entgegne ich, verbeuge mich leicht und freue mich über dieses Lob.

Ich selbst empfinde tatsächlich auch, dass es etwas ganz Besonderes ist, was ich hier in meinem Haus geschaffen habe. Jede Begegnung ist besonders. Jeder Tag ist besonders. Und jetzt feiern wir, dass ich meinen speziellen Betreuungsservice schon seit 15 Jahren anbieten kann.

Innerlich habe ich mich oft darüber gefreut, wenn ich besondere Menschen bei mir aufgenommen hatte, und wenn ich Vertrauen und Liebe oder sichtliches Wohlsein bei den Alten gespürt habe. Und wie oft habe ich für mich allein gefeiert, dass es gut war? Immer!

Meine erwachsenen Kinder, die sehr engagiert das Jubiläumsfest gestalten, rufen zu Tisch. In fröhlicher, ausgelassener Stimmung sitzen wir und feiern das Leben miteinander.

„Sag mal, wie bist du denn eigentlich auf die Idee gekommen, so eine Arbeit hier anzubieten?", fragt Bernhard, der neben mir sitzt.

Er schlürft genüsslich seinen Kaffee und hat sich gerade ein dickes Stück Schwarzwälder Kirschtorte genommen.

„Habe ich dir das damals nicht erzählt?"

Bernhard schüttelt den Kopf:

„Du wolltest das immer mal, aber irgendwie kam es dann doch nicht dazu."

„Oh, naja, es ist eine längere Geschichte", sage ich.

„Jedenfalls war der Impuls zum einen Ärger über die schlechte Bezahlung in der Senioreneinrichtung, in der ich damals gearbeitet habe, und zum anderen Wut darüber, wie wenig die Alten insgesamt in unserer Gesellschaft geachtet werden. Ich habe immer geahnt, dass es eine Möglichkeit der Betreuung geben muss, in der ich die Senioren mit genügend Zeit und mit Leidenschaft versorgen kann."

„Ist das in den üblichen Senioreneinrichtungen nicht möglich?"

„Kommt darauf an, welchen Anspruch ich als Fachfrau oder als Bewohner habe. Und das ist ohnehin von Einrich-

11

tung zu Einrichtung verschieden. Da darf man nicht alles über einen Kamm scheren. Das Gute an einem Altenheim ist auf jeden Fall, dass es für Leute ohne Angehörige einen Platz gibt, wo sie in der Regel gut versorgt werden. Aber nur Versorgen war mir einfach zu wenig."

„Mich interessiert, wie deine Familie da mitgespielt hat", fragt Marion, die mir gegenübersitzt. „Also, ich weiß nicht, ob ich immer wieder fremde, alte Leute in meinem Haus haben wollte."

„Um ehrlich zu sein: Als ich mit der Idee kam, waren erst mal alle dagegen. Sie fanden das absurd. Das konnte ich sogar verstehen und nachvollziehen. Wir hatten Oma und Opa nicht bei uns im Haus und auch sonst hatten wir als Familie keine Beziehungen zu alten Leuten. Da musste ich mein Vorhaben erst einmal auf Eis legen. Aber begraben habe ich den verrückten Plan nicht. Ich war einfach begeistert von der Idee, und irgendwie wusste ich, dass das Projekt durchführbar wäre."

„Wie kam es dann dazu, dass du es schließlich doch gemacht hast?"

„Es hat mich ein bisschen Überredungskunst gekostet", gebe ich zu und schaue zu Uwe hinüber. Ich höre ihn gerade eine witzige Anekdote erzählen, die wir mit den Alten erlebt haben. Und ich muss lachen über seinen unverwechselbaren Humor.

„Hast du das gehört, Marion, wie Uwe jetzt darüber spricht? Dabei war er am Anfang sehr skeptisch. Er konnte sich das Projekt absolut nicht vorstellen. Und die Kinder ..."

Ich lasse den Satz unvollendet in der Luft hängen und beiße in meine Nussecke.

„Hm, die schmeckt ja gut!", unterbreche ich unser Gespräch und erkläre stolz: „Die hat Lea, unsere Jüngste, gebacken."

Mit geschlossenen Augen koste ich das leckere Gebäck, bevor ich weiterrede:

„Naja, gerade sie war es, die überhaupt nicht wollte, dass ich alte Leute ins Haus hole. Immerhin war sie ja noch am längsten zu Hause. Unsere beiden anderen waren ja zeitweise schon ausgeflogen. Aber mein stärkstes Argument war dann, dass ich meiner Familie versprochen habe, dass ich jederzeit sofort aufhören würde, wenn wir merken würden, dass dieses Konzept nicht zu uns und unserem Leben passt."

„Und? Hat es auch mal nicht gepasst?", hakt Marion nach.

„Es war von Anfang an richtig gut. Klar, die Betreuung der alten Gäste war ausschließlich mein Part. Zugegeben, je nachdem, wen ich im Laufe der Zeit hier beherbergt habe, hat sich die übrige Familie auch schon mal zurückgezogen. Aber als Mutter und Hausfrau war ich nebenher immer präsent, was alle gut fanden."

Lea kommt an unseren Tisch und bringt frischen Kaffee.

„Allerdings!", bestätigt sie „Obwohl ich keine Beziehung

zu alten Menschen hatte, denke ich heute ganz anders darüber. Ich finde es klasse, dass Mama das durchgezogen hat."

Dieses schöne Gartenfest ist ein Highlight, an das ich mich noch immer gern erinnere. Neben all den Glückwünschen und Ermutigungen, die ich an diesem Jubiläum von meinen Freunden und Weggefährten bekommen habe, war diese Wertschätzung aus dem Mund meiner eigenen Tochter wohl die schönste Bestätigung meiner Arbeit der letzten 15 Jahre. Eine Arbeit, die mir eine Fülle an bereichernden Begegnungen beschert hat, an denen ich Sie in diesem Buch teilhaben lassen möchte.

FREUDE AM LEBEN

Margarete

Dankbare Menschen sind wie fruchtbare Felder. Sie geben das
Empfangene zehnfach zurück.

(August von Kotzebue)

„Ach wie schade, dass du wieder wegmusst, du kannst gerne
noch bleiben. Es ist schön mit dir." So verabschiedete ich die
95-jährige Margarete und fügte noch an:

„Ich habe das Gefühl, als wären wir verwandt."

„Ja, das sehe ich auch so. Wir lieben uns."

Margarete nahm mich in ihre dünnen, zittrigen Arme
und drückte mich fest an sich. Sie winkte noch und ging
mit ihrer Tochter Susanne vorsichtig die Außentreppe
runter.

Ich erinnere mich gut daran, wie es war, als Margarete das
erste Mal von Susanne gebracht wurde, im Sommer 2012.

Es war sehr emotional damals. Susanne ist die Jüngste von drei Kindern und sie versorgte und pflegte ihre Mutter schon seit ungefähr dreißig Jahren. Margarete, eine sehr dünne, kleine und krumme Frau, litt an Osteoporose und hatte zu Beginn der Erkrankung unsägliche Schmerzen aushalten müssen, bis überhaupt erst eine Diagnose gestellt werden konnte. Dann dauerte es noch einige Zeit, bis die richtigen Medikamente und die passende Dosis endlich feststanden.

Margarete und ihre Tochter hatten ein sehr herzliches Verhältnis zueinander, und Susanne kümmerte sich mindestens hundertprozentig um ihre Mutter. Sie brauchte lange, bis sie sich überwunden hatte, ihre Mutter zur Kurzzeitpflege zu bringen.

Susanne wusste, was ihre Mutter brauchte und was gut für sie war, und hatte alles Nötige und Mögliche ausprobiert und optimiert: Der Kaffee am Morgen hatte eine ganz bestimmte Temperatur, das Weißbrot musste in Stückchen geschnitten sein – ohne Kruste natürlich. Das kleine Kissen sollte genau fünf Zentimeter unterhalb des linken Knies platziert werden und die Brille musste zweimal täglich mit einem weichen Geschirrtuch, das sie extra mitgebracht hatte, geputzt werden ... – und das ist hier nur eine kleine Auswahl an Anweisungen, die mir Susanne damals zusammen mit ihrer Mutter anvertraut hatte. Zu Beginn ihres ersten Aufenthaltes in meinem Haus erklärte mir Susanne bis ins Detail, was genau Margarete brauche und was auf jeden

Fall zu beachten sei. Sie durfte das, denn sie ist eben Maga-rete-Expertin, weil sie sie am besten kannte.

Als sie sich wortreich verabschiedete, konnte sie beim Hin-ausgehen ihre Tränen nicht verbergen. Ich spürte ihre ver-zweifelte Verfassung und glaubte zu wissen, was sie jetzt dachte: „Wie kann ich meine Mutter nur jemand anderem überlassen?! Ich schäme mich, die Pflege abzugeben, auch wenn es nur für drei Wochen ist. Wenn Mutter später wie-der heimkommt und es ihr schlecht geht ... Wenn Hanne das nicht genauso macht, wie ich es bis ins Kleinste aus-geklügelt habe ... Wenn Mama sich nicht wohlfühlt bei Hanne ... Wenn, wenn, wenn ..."

Die erste Zeit rief Susanne jeden Tag an, um nachzufragen, wie es ihrer Mutter ging. „Gut!", war immer meine ehrli-che Antwort. Irgendwann sagte Margarete am Telefon zu ihrer Tochter:

„Es geht mir richtig gut hier. Du musst nicht mehr jeden Tag anrufen. Ich fühle mich hier zu Hause. Es reicht, wenn du vielleicht einmal in der Woche anrufst."

Schnell spürten Margarete und ich unsere Seelenver-wandtschaft und freuten uns daran. Margarete war eine besondere Frau, nicht nur wegen ihres hohen Alters. Sie hatte Profil und einen klaren, aufrechten Charakter. Sie strahlte Zufriedenheit und Dankbarkeit aus, was nicht immer so gewesen war, wie sie mir mal erzählte. Sie hatte sehr wohl gehadert in jener Zeit, als bei ihr Osteoporose diagnostiziert wurde. Einmal vertraute sie mir an:

„Ja, ich schäme mich, dass ich so zornig war, auch auf Gott. Ich wollte es anfangs nicht wahrhaben, dass ich mit dieser Krankheit leben muss. Aber Gott hat mir meine Wut vergeben und ich habe Frieden gemacht mit meinem Schicksal."

Das ist Größe, dachte ich.

Magaretes Augen waren das Auffälligste an ihr, tiefliegende große, ausdrucksstarke blaue Augen, die einen interessiert und wach ansahen und eine außergewöhnliche Güte ausstrahlten. Ihre Zeit verbrachte sie mit Lesen – zum Beispiel von Andachten – und mit Erzählen. Sie sah aber auch gern fern. Wenn sie am Nachmittag ihre Serien anschaute, ging sie richtig mit und regte sich mitunter auf über einzelne schlechte Charaktere oder über den flachen nichtssagenden Inhalt der Geschichten.

„Die wissen nicht mehr, was sie noch bringen sollen. Da geht nichts weiter, nur belangloses Treiben ohne Sinn und Verstand!", kommentierte sie so manche Folge. Oder sie empörte sich über intrigante Figuren: „Also, die Patrizia, das ist ja eine richtige Hexe!" Trotz aller Kritik schaute Margarete ihre Serien unbeeindruckt weiter, weil der Schluss jeder Folge sehr spannend war und sie wissen wollte, wie die Geschichten weitergingen.

Eines Tages schlug ich Margarete vor:

„Sollen wir uns mal gemeinsam den Titanic-Film anschauen? Der ist echt gut gemacht und historisch ist er auch."

„Das machen wir", begeisterte sich die alte Dame.

Sie rechnete aus, dass das legendäre Schiff fünf Jahre vor ihrer Geburt untergegangen war! Was für eine Zeitspanne! Der Filmabend war ein besonderes Erlebnis für uns beide, über das wir uns immer wieder austauschten

Gern erzählte Margarete von „früher": Sie hatte während der Nazi-Zeit in ihrem Heimatort den evangelischen Kindergarten geleitet. Eines Tages kamen Männer von der NSDAP und verboten ihr, weiterhin christliche Elemente und Symbole im Kindergarten zu nutzen. Sie setzte sich jedoch darüber hinweg, weil ihr Gewissen das nicht zuließ. Die damals noch junge Frau vertraute auf Gott und machte die Erfahrung, dass es stärkt, seinem Gewissen zu folgen.

Aus der Nazizeit stammte auch eine andere Episode, die sie mir berichtete: Ihr Vater hatte im Ortsbeirat eine wichtige Funktion und wurde festgenommen, weil ihm unterstellt wurde, eine jüdische Familie versteckt zu haben. Der Vater hatte bis zu diesem Zeitpunkt jedoch gar nichts mit Juden zu tun gehabt. Es war wohl ein Rivale, der gerne seine Stellung im Ortsbeirat gehabt hätte, der diesen falschen Verdacht gestreut hatte. Niemand aus der Familie wusste, wo der Vater nach seiner Verhaftung hingebracht worden war. Margarete versuchte, es herauszufinden. Mit ihrer Schwester machte sie sich auf einen beschwerlichen und gefährlichen Weg mit ungewissem Ausgang, um ihren Vater zu finden. Die beiden jungen Frauen hatten tatsächlich Erfolg und konnten sogar bewirken, dass man ihren Vater nach kurzer Zeit wieder zurückbrachte. Eine zarte, kleine Frau mit so viel Power!

Und so war sie ihr Leben lang – im fortgeschrittenen Alter allerdings ausgebremst durch ihre körperlichen Gebrechen.

Margarete war immer engagiert gewesen in ihrer Kirchengemeinde, sang im Chor, war im Frauenkreis und besuchte als junge Frau Alte und Kranke.

„Einmal", so erzählte Margarete, „waren wir mit dem Frauenkreis beim Geburtstag einer unserer Sängerinnen; auch der Pfarrer kam. Es war damals üblich, den Gästen nach dem Ständchen als Dankeschön einen Schnaps anzubieten. Wir Frauen standen da, der Pfarrer mittendrin. Die Jubilarin wollte uns gerade zuprosten, da wurde sie unsicher beim Anblick des Geistlichen. Nach einem winzigen Moment des Zögerns hob sie das Glas und rief beherzt: ‚Halleluja!' Alle brachen in schallendes Gelächter aus."

In den folgenden Jahren kam Margarete zwei- bis dreimal im Jahr für ein paar Wochen zu mir. Wir freuten uns beide sehr auf diese Zeit. Für Margarete bedeuteten die Tage in meinem Haus Tapetenwechsel, andere Gespräche und

Abwechslung. Sie genoss es, wenn ich für sie sang, war sie doch einst selbst eine aktive Sängerin gewesen. Manchmal sang sie die alten herrlichen Choräle oder Volkslieder noch mit, so gut sie konnte.

Einmal erzählte sie mir:

„Als ich nach meinem letzten Besuch bei dir wieder zu Hause war, hat mich unser Pfarrer besucht und fragte unter anderem, wie es bei dir gewesen wäre, und ob du wieder gesungen hättest. Da hab' ich zu ihm gesagt: ‚Ja! Aber die Hanne singt nicht, die jubelt!'"

Ich bekam Gänsehaut, als Margarete das sagte. Wenn ich darüber nachdenke, dann muss ich zugeben, dass dieser Jubel tatsächlich oft in meinem Herzen ist, wenn ich singe – und manchmal auch einfach so …

Ganz allmählich wurde Margarete schwächer und kleiner, bis sie eines Tages nur noch die nötigsten Gänge mit ihrem Rollator machen konnte. Dann ließ ich alle Türen auf, damit sie meinen Gesang, der nur ihr galt, besser hören konnte. Margarete strahlte dann und bedankte sich herzlich dafür. In dieser Zeit brachte ich ihr das Essen ins Zimmer, und manchmal aßen wir dort gemeinsam. Jedes Mal, wenn sie wieder nach Hause fuhr, meinte sie:

„Hanne, das kann auch das letzte Mal gewesen sein."

„Ja", antwortete ich dann wehmütig.

Kurz vor ihrem 100. Geburtstag starb Margarete in den Armen ihrer geliebten Tochter zu Hause. Ich vermisse sie.

Elisabeth – Altsein hat seine Privilegien

Wie man in den Wald hineinruft, so schallt es heraus.

(Sprichwort)

Sie hat eine beginnende Demenz, ist aber noch gut zu Fuß. 2011 kommt Elisabeth zum ersten Mal zu mir, da ist sie 89 Jahre alt. Ihre ausgeprägte Freude und Dankbarkeit sind besonders. Vor dem Hintergrund ihres schicksalhaften Lebens ist es beeindruckend, wie unbeschwert und heiter sie oft ist.

Elisabeth kommt aus einer Familie, in der Wertschätzung und Liebe gelebt wurden. Sie heiratete Erhard, ihre Jugendliebe, und zog in sein Heimatdorf. Damals war es üblich, dass ein junges Ehepaar mit im Haushalt der Ursprungsfamilie des Mannes lebte. Dort erlebte sie vonseiten der Schwiegermutter und deren ledigen Töchtern leider Missachtung und Lieblosigkeit. Das Leben im Haushalt ihres Mannes wurde für sie unerträglich, und so floh sie wieder zurück in ihr Elternhaus. Allerdings war ihr Vater der Ansicht, dass sie zu ihrem Mann gehöre. Schweren Herzens kehrte sie zurück und ertrug weiterhin die Gemeinheiten ihrer Schwiegerfamilie.

Nach ein paar Jahren entschieden sie und ihr Mann, einen eigenen Hof außerhalb des Dorfes zu bauen und somit einen Traum zu verwirklichen. Finanziell war es jetzt möglich und sie freuten sich sehr darauf, einen großen Hof zu bewirtschaften und ausschließlich vom Ertrag ihrer Landwirtschaft zu leben. Sie hatten ganz konkrete Pläne. Inzwischen hatte Elisabeth einen Sohn und eine Tochter geboren, an denen sie ihre Freude hatte. Es gab ihr Geborgenheit und Trost, sich bald nur noch um ihre eigene kleine Familie zu kümmern. Die Aussicht, fortan ohne Sticheleien und argwöhnische Beobachter im eigenen Heim zu haushalten und ihr Leben so gestalten zu können, wie sie es sich wünschte, belebte sie ungemein. Es war mühsam, aber voller Elan und mit unglaublich viel Fleiß bewirtschaftete die junge Familie den neuen Hof. Die Kinder wuchsen heran und packten früh mit an. So war das normal in jener Zeit.

Als die Kinder 15 und 14 Jahre alt waren, starb Elisabeths Mann plötzlich. Für sie stand die Welt still. Das Leben schien zu Ende. Sie wollte nicht mehr aufstehen, konnte nichts mehr tun, verfiel in tiefe Depression. In Dunkelheit gefangen, verbrachte sie ihre Tage. Ihr Bruder kam und packte mit an.

Durch den Tod des Vaters waren die Kinder plötzlich erwachsen geworden. Sie arbeiteten hart und bangten und kämpften um ihre Mutter. Durch die Beständigkeit und das Engagement ihrer Kinder fand Elisabeth zurück ins Leben. Die Arbeit und die vielen Dinge, die unentwegt Elisabeths

Einsatz forderten, halfen ihr, dem Leben wieder ins Angesicht zu schauen und ihren Weg weiterzugehen.

Jetzt, im Alter von fast 90 Jahren, kann sie neben Traurigkeit auch mit Dankbarkeit auf diese furchtbaren Ereignisse zurückschauen. Sie hat es geschafft – mit Gottes Hilfe, wie sie sagt. Auf ihre Kinder ist sie stolz, sehr stolz. Und sie freut sich an ihren Enkelkindern und Urenkeln, die in der Nähe wohnen.

Was mich besonders an dieser Frau beeindruckt, ist ihre Freude. Sie freut sich an gutem Essen, am Singen, an Begegnungen und an vielen kleinen Alltäglichkeiten. Und auf ihr Bett am Abend!

Außerdem ist sie sehr originell. Abends nimmt sie zum Beispiel ihre Zahnprothese aus dem Mund, um sie über Nacht in die Reinigungslösung zu legen: „G'Noocht, schlooft goud!" („Gute Nacht, schlaft gut!"), sagt sie dann in ihrem mittelhessischen Dialekt zu den Zähnen.

Am Morgen singt sie oft das Lied: „Danke für diesen guten Morgen, danke für diesen neuen Tag, danke, dass ich all meine Sorgen auf dich werfen mag." Die letzte Zeile der letzten Strophe („Danke, ach Herr, ich will dir danken, dass ich danken kann") kommentiert sie immer mit den Worten: „Das kann auch nicht jeder, das Danken. Ja, das ist wirklich zum Danken, dass ich danken kann."

Sie singt auch gern das alte Volkslied „Die Gedanken sind frei, wer kann sie erraten?" Alle Strophen singt sie auswendig mit. Dann erzählt sie von den Zuständen im Haus ihrer Schwiegereltern. Ja, sie hatte gelitten damals, aber ihre Gedanken konnte ihr niemand nehmen und niemand konnte darüber bestimmen, was sie denken wollte.

Mit ihren 89 Jahren singt sie noch richtig gut und kann sogar noch die Altstimme. Eine bemerkenswerte alte Frau!

Einmal im Sommer sitzen alle draußen auf dem Balkon. Auch andere Gäste sind da, unter anderem Erwin, mit dem sie sich gern unterhält. Unvermittelt kommentiert Elisabeth die Situation:

„Es ist ganz egal, was wir so miteinander sprechen, selbst wenn es nur dummes Geschwätz ist. Es tut einfach gut, mit Leuten zu reden."

Erwin ist derselben Meinung.

„Über das Wetter können wir uns stundenlang unterhalten. Sieh dir bloß die Wolken an! Jetzt läuft gerade ein Riesenhamster da oben lang. Nein, jetzt wetzt er seine Zähne ... – oh, ein Mondgesicht und ein Tannenbaum mit einem Krokodil in den Zweigen ..."

Zwischendurch lachen sie alle und dann erzählt jeder aus seinem Leben. Dann sagt Elisabeth mit einem Seufzer der Zufriedenheit:

„Hach, ist das schön. Sonst sitze ich viel beim Fernsehen, aber jetzt brauche ich das nicht. Ich vermisse den Fernseher gar nicht."

Sie erzählt von der Demenzgruppe, zu der sie zweimal in der Woche abgeholt wird.

„Da kommt immer eine Frau mit, die schimpft über ihre Schwiegertochter, dass sie unfreundlich zu ihr sei. Manchmal schimpft sie mit dem Busfahrer, der uns abholt und wieder nach Hause bringt. Er solle nicht so ruckartig fahren und die Musik leiser machen. Sie jammert über den Kaffee, der zu stark ist, und über den Kuchen, der zu süß ist."

Dann fügt Elisabeth bedauernd hinzu:

„Das ist eine arme, alte Frau. Ich habe zu ihr gesagt: Wenn *ich* deine Schwiegertochter wär', dann wäre ich auch nicht sehr nett zu dir. Du bist ja mit allem unzufrieden."

„Da warst du aber sehr direkt. Hat sie dir das übel genommen?", fragt Erwin sie.

„Ja, aber das war mir egal. Es stimmt ja. Und: Wie man in den Wald hineinruft, so schallt es heraus."

Ich bin erstaunt, wie reflektiert Elisabeth trotz ihrer Demenz manchmal ist. Es gefällt mir ohnehin, dass die Alten meistens so direkt sind und nicht um den heißen Brei herumreden. Sie haben das Recht dazu, finde ich. Wenn nicht jetzt im hohen Alter, wann dann?

Elisabeth kommt etliche Male zu mir und es ist jedes Mal eine lustige Zeit.

Leben heißt Veränderung

Es geht kein Mensch über die Erde, den Gott nicht liebt.
(Friedrich von Bodelschwingh)

Wolfgang war 74, als er zum ersten Mal in mein Haus kam. Ich kannte ihn schon lange. Er hatte früher ein kleines Lebensmittelgeschäft in der Stadt. Wenn ich damals ab und zu in seinen Laden ging, verwickelte er mich immer in ein Gespräch über geistliche Themen. Wolfgang ist als Christ sehr aktiv und redet gern ausschweifend über alle möglichen christlichen Schriften und geistlichen Sichtweisen. Grundsätzlich finde ich das eine gute Sache, wenn man überall und auch mitten im Alltag über Gott spricht. Aber bei ihm mochte ich das nicht. Er fand kein Ende, und damals verstand ich manches nicht, was er so redete. Mag sein, ich hatte vielleicht auch nicht richtig zugehört und nur so getan – aus Höflichkeit, versteht sich –, als würde es mich interessieren.

Aber ich bin ehrlich: Irgendwie war er mir sowieso nicht sympathisch. Seine langen, fettigen Haare, seine Art zu reden ... Ich mochte ihn einfach nicht.

Ich hörte, dass er einen schweren Schlaganfall erlitten hatte. Seine Frau Anke sprach mich an, als ich ihr in der Stadt begegnete, und sie erzählte, dass ihr Mann nun gepflegt werden müsse. Sie leiste die Pflege überwiegend selbst, unterstützt von einem ambulanten Pflegedienst. Er sei so weit wiederhergestellt, dass er am Stock laufen könne, erzählte sie mir einmal. Auch seine Sprachfähigkeit und sein Gedächtnis seien inzwischen so, dass man sich wieder gut mit ihm unterhalten könne.

Mehrmals fragte Anke bei mir an, ob sie ihren Mann für ein paar Tage zu mir bringen könne. Am liebsten erst einmal nur für ein Wochenende. Etwas in mir wehrte sich dagegen, aber ich hatte kein stichhaltiges Argument, ihn nicht bei mir aufzunehmen. Anke hatte jedoch mein Privatpflege-Angebot bisher noch nie in Anspruch genommen, sondern immer nur angefragt.

Für Juni 2014 vereinbarten wir dann tatsächlich einen Zeitraum von zwei Wochen, in dem ich ihren Mann pflegen sollte. Anke wollte sich endlich eine Pause genehmigen, das heißt, sie musste aus gesundheitlichen Gründen eine Auszeit von der anstrengenden Pflege nehmen. Sie gestand sich ein, dass sie nicht mehr konnte. Eigentlich eine ganze Weile schon nicht mehr. Und endlich hatte sie auch Wolfgang so weit, dass er einwilligte, von jemand anderem versorgt zu werden. Ein Altenheim wäre für ihn nicht infrage gekommen. Aber zu mir in Pflege zu gehen, war in Ordnung für ihn. Jetzt wurde die Sache konkret.

Ich hatte zu jener Zeit ernsthaft überlegt, was ich eigentlich an diesem Mann nicht mochte und warum. Und ob das wirklich so gravierend war. Und überhaupt: Wie ist das denn mit Antipathie und Sympathie? Dieses Thema beschäftigte mich schon eine ganze Weile. Ich bin ja so veranlagt, dass ich fast alle Leute nett finde. Oder sagen wir so: Ich *will* alle Leute nett finden. Zugegeben, manchmal sehe ich die Menschen etwas unrealistisch. Wobei, was ist denn die realistische Sicht auf einen Menschen? Gibt es die überhaupt? Jeder sieht den anderen doch so, wie er ihn sehen will.

Ein Freund hatte mal zu mir gesagt: „Klar, bei dir sind alle Menschen gut und nett." Diese Aussage hatte mich ein wenig geärgert, aber gleichzeitig meine Einstellung auch hinterfragt. Um meine positive Haltung und Sicht gegenüber anderen Menschen zu rechtfertigen, rief ich mir ins Gedächtnis, dass ich mir irgendwann in jungen Jahren vorgenommen hatte, die guten Seiten meiner Mitmenschen hervorzuheben. Die schlechten Seiten der anderen zuerst zu sehen und darüber zu reden – meist hinter deren Rücken –, liegt ja im Allgemeinen nahe. Ich hatte das selbst so erlebt während eines Praktikums in der Ausbildung.

Es war im Krankenhaus gewesen. Ich saß damals mit den Kolleginnen und Kollegen beim Frühstück, und mir fiel auf, wie zwischen Marmeladenbrot und Kaffee über die einzelnen Patienten gelästert wurde. Ich fand das so abstoßend und unwürdig, dass ich für mich die Entscheidung traf, niemals über die Menschen negativ zu reden, die auf meine

Hilfe angewiesen sind. Oder überhaupt über andere zu lästern – nein, das wollte ich nicht. Aber klar, diesen Vorsatz durchzuhalten, erforderte auf jeden Fall Übung und Disziplin.

Jetzt fragte ich mich erneut, wie denn Jesus, mein großes Vorbild, die Menschen gesehen hatte. Jesus, der einzigartige Menschenliebhaber! Sollte ich die negativen Empfindungen und Antipathien verdrängen und so tun, als würde ich einen Menschen mögen, der mir im Grunde unsympathisch ist? Was war das eigentlich für ein überhöhter Anspruch, den ich da an mich selbst stellte?

Ich wollte wissen, wie Jesus das gesehen haben könnte, wie er diese Fragen beantwortet hätte. Wie war er mit angeberischen, großkotzigen, stinkenden, anstrengenden, aufdringlichen oder furchtbar hässlichen (gibt es die überhaupt?) Leuten umgegangen? Mit Sicherheit barmherzig, gütig und respektvoll. Er hat sich wahrscheinlich immer gefragt: Warum sind sie so, wie sie sind? Er hat in ihr Herz, in ihren Schmerz geschaut, ihre Wunden gesehen und ihre Verletzungen. Hatte Jesus wohl auch solche menschlichen Gefühle wie Ablehnung, Ekel oder Unwohlsein in Gegenwart unangenehmer Menschen?

Alle diese Fragen stellte ich mir konkret, als ich jetzt herausgefordert wurde, einen Menschen bei mir zu betreuen, der mir unsympathisch war. Ich war wirklich ratlos.

Ich wollte ehrlich sein und zu dem stehen, was ich empfand. Ich wollte mich nicht verstellen müssen, aber auch nicht unhöflich sein. Ich hatte tatsächlich nicht einen einzigen stichhaltigen Grund, Wolfgang abzulehnen. Ausreden hatte ich ebenfalls keine. Ich konnte also nur meinen Schöpfer selbst um Rat fragen. Immerhin pflege ich eine beständige Beziehung zu ihm, und wir sind sozusagen immer im Gespräch miteinander. Ich wusste auch, dass Gott meine Empfindungen gegenüber Wolfgang beziehungsweise generell meine Sicht auf einen Menschen verändern kann, wenn ich das wollte und darum betete. Und in dieser Situation hatte ich wirklich das Bedürfnis, dass meine unguten Gefühle für diesen ahnungslosen Mann zum Guten verändert werden sollten. Ich wollte ihm authentisch freundlich und zugewandt begegnen.

Dann kam er, und ich war sehr erstaunt, dass sich mein Denken und Empfinden tatsächlich veränderte, als ich mich auf ihn einließ. Ohne mich zu verstellen oder mir innerlich Gewalt anzutun, konnte ich zugewandt, völlig unvoreingenommen und sogar liebevoll mit ihm umgehen. Die vielen Tage, die er in den nächsten Jahren bei mir verbrachte, gehören zu den schönsten in der Zeit meines privaten Pflegedienstes.

Wolfgang war ein ausgesprochen dankbarer Mensch, obwohl er sehr auf Hilfe angewiesen und in seiner Mobilität eingeschränkt war. Das, was er noch selbst konnte, übte er eisern und arbeitete hart an sich.

Zeit seines Lebens hatte er sehr viel gelesen. Jetzt war

er fast blind. Nie klagte er darüber, sondern bedankte sich herzlich, wenn ich ihm vorlas: aus der Bibel, Texte von und über Dietrich Bonhoeffer, Axel Kühner oder auch Aktuelles aus der Tageszeitung.

Immer, wenn Gäste zu mir kommen, entwickelt sich nach kurzer Zeit ein tägliches Ritual – mit jeder und jedem ganz individuell. Bei Wolfgang war es das Klavierspiel, das er liebte. Nach dem Frühstück bat er oft:

„Hanne, spielst du jetzt noch eine Stunde Klavier?"

Ich lachte dann:

„Aber selbstverständlich, Wolfgang! Ich spiele auch zwei oder drei Stunden, wenn du das möchtest."

Wenn ich dann noch dazu sang, war er glücklich.

Gern unterhielten wir uns auch über verschiedene Texte, die ich vorgelesen hatte, oder über die unterschiedlichsten Persönlichkeiten aus alter und neuer Zeit: angefangen bei David oder Petrus aus der Bibel über bedeutende Figuren der Kirchengeschichte wie Zwingli, Luther, die heilige Elisabeth, Bonhoeffer, Mutter Teresa und Friedrich von Bodelschwingh bis hin zu damals aktuellen Promis wie Lady Diana. Für mich war die Zeit mit Wolfgang eine große Bereicherung.

Eines Tages rief meine Mutter an und fragte, ob ich zurzeit Gäste hätte. Ich antwortete:

„Ja, ich habe gerade zwei Gäste hier: meinen Privattheologen und Evelin; sie ist dement."

Als ich das Telefonat beendet hatte, sagte Wolfgang entrüstet:

„Wie kannst du denn so was sagen, dass ich Theologe bin?"

„Aber ja, du bist ein Theologe!", erwiderte ich. „Du bist mein Privattheologe. Du hast deinen Beruf verfehlt. Du hättest einen guten Theologen abgegeben."

Daraufhin meinte er versonnen:

„Das hat Heinrich Kemner damals auch gesagt."

Alle Achtung!, dachte ich. Ein Urteil aus berufenem Munde. Immerhin war Heinrich Kemner ein bekannter Prediger und missionarisch sehr engagierter Theologe im 20. Jahrhundert, der noch im Alter ein renommiertes theologisches Zentrum in Krelingen gegründet hatte.

Nach den ersten Wochen, die Wolfgang bei mir war, kam der Tag, an dem er wieder abgeholt werden sollte. Gegen Abend wollte seine Frau kommen. Als er sich zum Mittagsschlaf hinlegte, meinte er ernsthaft:

„Hanne, sei bitte heute Abend mein Anwalt."

Ich stutzte: „Wie bitte? In welcher Angelegenheit soll ich dich denn vertreten?"

„Nun", sagte er und machte eine Pause: „Wie soll ich meiner Frau nur beibringen, dass ich lieber hierbleiben will?"

Ich war gerührt. Sprachlos. Dankbar dafür, dass Gott mein Ringen ernst genommen und mich verändert hatte und dass mein Gebet tatsächlich spürbare Auswirkungen auf meinen Umgang mit Wolfgang gehabt hatte. Dankbar für diese heilsame Gebetserhörung.

Ruhestand und neues Leben

Rufe mich an am Tag der Not, ich will dich erretten und du sollst mich preisen.

(Psalm 50,15)

Hugo, ehemaliger Geschäftsführer eines Unternehmens, kam zunächst für drei Wochen in Pflege zu mir. Nach einer riskanten und großen Operation aufgrund von Hirnbluten war er einseitig gelähmt und seitdem auf einen Rollstuhl angewiesen. Bevor ich ihn bei mir aufnahm, bat seine Frau Elsa mich, zu ihnen nach Hause zu kommen, damit sie mich kennenlernen konnten. Obwohl Elsa ein paar Jahre älter war als Hugo, pflegte sie ihn, und ein ambulanter Pflegedienst unterstützte sie dabei. Nach ein paar Jahren der Pflege merkte Elsa, dass sie dringend eine Auszeit brauchte, wenn sie die Pflege weiterhin leisten wollte.

Ich erlebte Hugo als einen sehr zuvorkommenden und besonderen Menschen. Als er mit 71 Jahren das erste Mal zu mir kam, war er noch einigermaßen mobil. Das heißt, er konnte ein paar Schritte gehen, konnte ohne Hilfe seine Mahlzeiten einnehmen und er spielte Schach. Das hatte er schon seit vielen Jahren leidenschaftlich gern getan und sogar regionale Meisterschaften gewonnen. In der ersten Zeit besuchte ihn Eckhard, ein junger Mann, um mit ihm Schach zu spielen. Auch zu mir ins Pflegehaus kam Eckhard, der ebenfalls ein sehr guter Spieler ist. Er traf sich regelmäßig mit Hugo, seitdem dieser krank geworden war.

Hugo hatte Witz und Charme und war ein gebildeter Mann. Anfangs sprach ich ihn mit „Chef" an. Aus Erfahrung wusste ich, dass das manche Männer mögen und sich geschmeichelt fühlen, so angesprochen zu werden. Er nicht! Da saß ich auf der Kante seines Bettes und er mir gegenüber im Rollstuhl.

„Was kann ich Ihnen noch Gutes tun, Chef?", fragte ich ihn freundlich.

Da sah er mich geradewegs an und sagte:

„Das mit dem Chef, das lassen wir mal. Das gehört hier nicht hin."

Ich war leicht irritiert und dachte: *Ups, das war jetzt daneben*.

Aber Hugos Kritik klang nicht vorwurfsvoll, es war eher eine freundliche Korrektur.

„Wir sind hier auf Augenhöhe", betonte er und unterstrich seine Aussage damit, dass er Zeigefinger und Mittelfinger erst auf seine Augen und dann auf meine Augen richtete.

„Ja, das ist wohl wahr", sagte ich. „Wir sind hier auf Augenhöhe."

Trotzdem musste ich schmunzeln. Immerhin war er ein Schrank von Mann, wenn er stand, und ich bin eine kleine Frau von noch nicht mal 1,60 Meter. Aber gut, das war geklärt. Überhaupt war Hugo für klare Ansagen. Das kam mir sehr entgegen.

Hugo erzählte gern aus seinem Leben. Er hatte eine gute Beziehung zu seinem Opa, der mit im Haus gelebt hatte. Als der starb – Hugo war damals etwa fünf Jahre alt – war er verzweifelt. Niemand sprach mit ihm über Opas Tod, niemand erklärte ihm die Notwendigkeit der Trauerzeremonie oder was jetzt überhaupt mit seinem geliebten Opa war. Seine Mutter und seine Oma waren eher strenge Frauen.

„Streng fromm waren sie", erläuterte er. Seine Mutter habe in Schwarz zum Traualtar gehen müssen, weil sie nicht mehr Jungfrau gewesen sei. Solche Begebenheiten, die er erzählt bekommen hatte, und solche, die er selbst erlebt hatte, hatten noch immer – nach beinahe siebzig Jahren – einen bitteren Beigeschmack. Hart, unbarmherzig und fromm zugleich? Wie passte das zusammen?

Sein Vater sei spät aus dem Krieg heimgekehrt und war zunächst ein Fremder für ihn, berichtete Hugo. Nur schwer konnten beide eine Beziehung zueinander aufbauen. Als junger Erwachsener hatte Hugo die Warnungen seiner Eltern in den Wind geschlagen, eine junge Frau zu heiraten, für die der Genuss und das Geld das Wichtigste waren. Er hatte es trotzdem getan und die beiden bekamen zwei Kinder. Die Ehe hielt jedoch nicht lange, Sohn und Tochter wuchsen dann bei ihrem Vater auf. Nach einigen Jahren lernte Hugo wieder eine Frau kennen, mit der er sehr glücklich wurde. Elsa war eine ganz besondere, sehr feine Frau. Ihre Werte und Interessen waren tiefgründiger. Sie liebte die Natur, investierte in wertvolle Beziehungen, lebte bewusst im Heute, liebte Kunst und gute Literatur.

Sie bauten sich gemeinsam ein kleines Haus, zu dem auch ein Garten gehörte, den Elsa liebevoll gestaltete.

Aber dann – nicht lange nach Rentenbeginn – erlitt Hugo einen schweren Schlaganfall und war seitdem auf Hilfe angewiesen. Nach dem anfänglichen Schock und Bangen um Hugos Leben gingen beide mit diesem Schicksalsschlag gut um. Sie fanden immer wieder Mittel und Wege, ihr Leben unter den neuen Bedingungen zu gestalten. Immerhin hatten sie einander noch.

Hugo war sehr dankbar für seine Frau und sagte ihr das auch immer wieder.

Auch Gott gegenüber war er für vieles dankbar. Er selbst äußerte mir gegenüber ein paarmal, Gott habe durch die Erkrankung neu zu ihm gesprochen, habe ihn vor dem Tod bewahrt und ihn berührt. Dadurch habe er sich besonnen und danke Gott von Neuem für die Gnade, die er an ihm erwiesen habe. Im Grunde sei dieser Schicksalsschlag auch zu einer Chance für ihn geworden. Ich spürte diesen Frieden, den er hatte. Er ruhte in sich, versöhnt mit seiner Vergangenheit und mit Gott. Hugo genoss den Moment. Er freute sich über gutes Essen, eine Partie Schach, das schöne Wetter und schwärmte mir von seinem großen Garten vor, den er bis vor Kurzem in Waldnähe gepachtet hatte. Gemüse und Obst wuchsen darin. Auch ein Häuschen hatte er sich darin gebaut. All das hatte er bewusst genossen und geliebt. Selbst jetzt mit seinen Einschränkungen freute er sich über das, was er noch konnte. Er arbeitete zäh daran, wieder laufen zu können.

Hugo kam sehr gerne und fühlte sich bei mir zu Hause. Immer wieder hatten wir gute Gespräche: über Beziehungen, Gott, die Vergangenheit und die Gegenwart; über Berufe und die vielfältigen Arbeitsmöglichkeiten in heutiger Zeit, über Sport und Allgemeines. Ziemlich zu Anfang bot er mir das „Du" an – schließlich befanden wir uns auf Augenhöhe.

Er erzählte gern aus seiner Kindheit und aus seiner Schulzeit. In dem kleinen Ort, in dem er aufgewachsen war, spielte er am Sonntag das Harmonium in der Kirche. In der Schule gab es Musikunterricht und der Dorfschullehrer damals war offensichtlich unmusikalisch und sang total falsch, wenn er den Kindern ein Lied beibrachte. Hugo

machte Faxen und provozierte den schräg singenden Lehrer. Natürlich musste er sich daraufhin in die Ecke stellen,
was er mit großem Vergnügen tat.

Einmal wurde er von seinem Lehrer zu Unrecht geschlagen und schlug zurück. Ein echter Skandal in jener Zeit!
Aber er war daraufhin der Held unter seinen Schulkame-
raden. Zu Hause allerdings gab es für diesen Fauxpas noch
einmal eine Tracht Prügel.

Einmal saß ich ihm wieder gegenüber. Sein durchdringen-
der Blick machte deutlich, dass er überlegte und irgendet-
was Bedeutendes sagen wollte – oft hatte ich sogar den Eindruck, er sähe in mich hinein. Da sagte er plötzlich:

„Hanne, du hast einen schönen Mund."

Ich war leicht geschockt und mit großen Augen erwiderte ich:

„Aber Hugo! Was soll das?!" Ich hielt kurz die Luft an.
Unbeirrt ergänzte er:

„Und freundliche Augen."

Hugo kam dreimal im Jahr für einige Zeit zu mir, was für
seine alternde Ehefrau eine große Erleichterung war. Sie
kalkulierte, dass sie mit dieser Vorgehensweise noch etliche schöne Jahre miteinander haben könnten. Einmal rief
sie an einem Sonntag im Advent an. Ihre Stimme zitterte,
als sie vorsichtig anfragte:

„Bei uns ist große Not. Ich bin krank geworden! Was soll

ich bloß machen? Könnte mein Mann eventuell spontan zu dir kommen?"

Bei mir waren gerade Freunde zu Besuch und wir saßen gemütlich bei Kerzenschein und Tannenduft am Kaffeetisch. Ich willigte trotzdem ein. Elsa ließ ihren Mann von einem Verwandten bringen. Da saß Hugo dann plötzlich mit am großen Tisch, als sei er ein Familienmitglied. Er genoss es sichtlich, im Kreis dieser jungen Leute zu sitzen. Und ich selbst feierte innerlich wieder einmal bewusst meine wundervolle Arbeit!

Hugos Mobilität ließ mit der Zeit merklich nach. Seine allgemeinen Interessen schwanden. Die Gespräche veränderten sich und irgendwann verlor er die Lust am Schachspielen. Auch an Fernsehsendungen hatte er keine Freude mehr, obwohl er zuvor jede Sportsendung hatte sehen wollen.

Eines Nachts rief er so laut nach mir, dass ich voll Schrecken nach unten rannte.

„Hugo, was ist denn los?", fragte ich ihn. „Du brüllst ja das ganze Dorf zusammen!"

Schnell machte ich das Fenster zu, ging an sein Bett und beugte mich zu ihm hin.

„So hilf mir doch. Hilf mir, bitte!", rief er.

„Was soll ich denn tun! Wie kann ich dir denn helfen? Hast du Schmerzen?"

„Nein, ich habe keine Schmerzen. Hilf mir!"

Ich beruhigte ihn, blieb eine Weile bei ihm und er schlief weiter. Nach kurzer Zeit rief er wieder sehr laut nach mir.

Als ich zu ihm kam, flehte er mich förmlich an:

„Hanne! So hilf mir doch. Du bist doch Christ. Du musst mir doch helfen können!"

Oh, oh, dachte ich, *was für ein Anspruch!*

„Ja, ich bin Christ, aber trotzdem weiß ich gerade nicht, wie ich dir helfen soll! Ich weiß ja nicht einmal, welche Beschwerden du hast. Angst hast du keine, Schmerzen hast du keine, auch keine Luftnot oder sonst etwas anderes."

Ich lagerte ihn noch einmal anders. Vielleicht drückte es ja doch irgendwo? Aber mir war auch klar: Manchmal sind es unbewusste Dinge, die einen Menschen quälen.

In dieser Nacht schlief er sehr wenig und ich beschloss, die Ehefrau am nächsten Tag anzurufen, um abzuklären, ob es besser sei, einen Arzt zu rufen. Tatsächlich brauchte er ärztliche Hilfe.

Es war das letzte Mal, dass Hugo bei mir war. Seine Frau konnte ihn von diesem Zeitpunkt an leider zu Hause nicht mehr versorgen, weil er nachts oft rief und sehr unruhig wurde. Elsa war bald am Ende ihrer Kräfte. Niemand kann rund um die Uhr für jemand anderen da sein – und schon gar nicht in Elsas hohem Alter. Sehr schweren Herzens musste sie ihren geliebten Mann in eine Senioreneinrichtung bringen, wo er bis zu seinem Tod blieb.

Leider kam zu Hugos schwachem körperlichem Zustand

noch Demenz hinzu; trotzdem besuchte sie ihn, so oft es ging. Ich trauerte schon in dieser Zeit um ihn, obwohl er noch lebte. Ihn und Elsa kennengelernt zu haben, war für mich ein besonderes Erlebnis und wieder einmal bedauerte ich, ihnen erst im Alter begegnet zu sein.

Alten Menschen Gutes zu tun, ist immer meine Leidenschaft gewesen, aber wenn ich deren Lebensgeschichten höre, dann wünsche ich mir manchmal, sie schon früher gekannt zu haben.

DEMENZ

Ausgewählte Worte mit Bedeutung

Jeder möchte lange leben, aber keiner will alt werden.

(Jonathan Swift)

Irmtraut wollte meistens nichts essen. Wenn überhaupt, dann nur drei oder vier kleingeschnittene Stückchen Brot. Oder vom Mittagessen drei, maximal vier Löffel.

„Das ist genug! Sonst werde ich noch zu dick", so sagte die kleine, dünne 90-Jährige dann nach ein paar winzigen Bissen. Und mit dem Trinken war es ähnlich.

An einem Morgen gab ich ihr das Frühstück. Da sie fast blind war, brauchte sie beim Essen meine Hilfe. Sie schaffte zwei kleine Scheiben Brot – das war sensationell. Dann reichte ich ihr mit dem Löffel den Kaffee an, eine große Tasse, einen Löffel nach dem anderen. Ich sagte vorher:

„Bitte schön, Frau Bäumer, hier habe ich Ihren Kaffee, so wie Sie ihn mögen." Sie wehrte sich nicht dagegen und beschwerte sich auch nicht, denn Irmtraut war mit ihrer Demenz ganz in ihrer eigenen Gedankenwelt unterwegs. Auf einmal fragte sie mich:

„Wofür ist das eigentlich?"

Ich antwortete:

„Na, für die Nieren, dass sie gut durchgespült werden."

„Tatsächlich?"

„Ja, so ist es. Das ist ja nicht unwichtig."

„Ach, in meinem Alter auch noch?"

„Klar, solange man lebt, muss man gut für sich sorgen", erwiderte ich und musste schmunzeln.

„Ja, Sie haben recht", meinte sie. Ich löffelte weiter.

„Wissen Sie, wenn ich das hier so nehme, möchte ich gern wissen, was es ist", nahm sie den Gesprächsfaden wieder auf. Sie hatte vergessen, dass es Kaffee war, den ich ihr zu Beginn angeboten hatte.

Ich sagte: „Selbstverständlich! Das steht Ihnen ja auch zu."

„Das meine ich auch."

„Einmal im Zug ...", sagte sie plötzlich und hielt dann inne. Ich hörte auf, ihr den Kaffee anzureichen. Als sie die Unterbrechung bemerkte, sagte sie:

„Ich will Sie nicht aufhalten."

„Nein, nein", entgegnete ich und lehnte mich entspannt zurück. „Erzählen Sie ruhig."

„Also einmal im Zug, da war eine junge Frau. Na ja, so dreißig oder vierzig Jahre war sie. Sie fragte den Schaffner, an welchem Bahnhof sie aussteigen müsse und wie lange das noch dauere. Da hat der Schaffner zu ihr gesagt: ‚Das hat Sie gar nicht zu interessieren.'"

„Wie ungezogen!", warf ich entrüstet ein.

„Ja, aber da war ein Herr, der hat zu dem Schaffner gesagt: ‚Das ist eine Unverschämtheit, wie Sie mit der jungen Frau reden! Ich muss mich doch sehr wundern, dass so Leute wie Sie bei der Bahn beschäftigt werden!'"

Wahrscheinlich war das ein Erlebnis aus Irmtrauts Vergangenheit, das ihr plötzlich ins Gedächtnis gekommen war. Vielleicht war diese Episode aber auch nur frei erfunden. Bei dementen Menschen ist beides möglich. Nachdem Irmtraut zu Ende erzählt hatte, fragte ich:

„Soll ich eine kleine Pause einlegen mit dem Kaffee?"

Sie antwortete in ihrer originellen Weise:

„Nein, wir bringen das jetzt zu Ende."

Filmreif, dachte ich, und musste in mich hineinschmunzeln. Irmtrauts Art, sich auszudrücken, war trotz ihrer Erkrankung noch immer sehr originell.

Wenn sie so dasaß, hatte sie den Kopf immer ein wenig nach vorne gebeugt und meistens die Augen geschlossen.

„Wissen Sie", fing sie ein anderes Mal an. „Irgendwann geht alles zu Ende. Jedes Leben und jede Geschichte. Da muss man sich erst gar nicht aufregen oder so tun, als wäre das anders."

„Ja", antwortete ich ihr, wobei ich wegen ihrer Schwerhörigkeit laut in ihr Ohr reden musste.

„Da kann ich Ihnen nur recht geben. Jedes Leben geht zu Ende und es ist bestimmt gut, wenn wir uns darauf vorbereiten."

„Aber das tun alle Menschen", erwiderte sie, hob ihre dünne Hand hoch und zeigte auf mich und rund um den ganzen Tisch, wo allerdings gerade niemand sonst saß.

„Na, da bin ich mir nicht sicher, ob alle Menschen sich auf das Lebensende vorbereiten. Da beobachte ich etwas anderes", gab ich zu bedenken.

„Tatsächlich?", fragte sie noch, war aber gleich darauf wieder in ihre eigene Gedankenwelt abgetaucht. Erst als ich sie bat, mit mir ins Bad zu gehen, tauchte sie wieder auf und fragte:

„Sagen Sie mal, muss das denn sein? Kann ich nicht hier sitzen bleiben bis an mein Ende?"

„Oh", sagte ich, „das ist etwas zu riskant. Solange Sie leben, werden Sie sich bewegen müssen, zur Toilette gehen, herumlaufen, essen, trinken und schlafen. Und natürlich auch hören und reden."

„Ach, wie gemein!", entgegnete sie enttäuscht, und es tat mir in diesem Moment richtig leid, dass ich sie tatsächlich nicht „in Ruhe lassen" konnte. Aber Irmtraut machte weiterhin alles mit, was gerade anstand.

Zufrieden und meistens in sich gekehrt verbrachte sie ihre Tage bei mir. Vergangenheit, Gegenwart und Zukunft schienen manchmal miteinander verschmolzen zu sein, wenn sie anfing zu erzählen, was sie allerdings selten tat.

Ihre stille Art gefiel mir. Ebenso ihre sehr unkomplizierte Weise im Umgang miteinander. Manchmal fragte ich mich, was für eine Frau sie in jungen Jahren gewesen sein mochte. Ich ahnte, dass sie forsch und direkt gewesen war. Und sicher hat sie sich nicht alles gefallen lassen, diese kleine, zarte Lady. Leider erfuhr ich nicht allzu viel von ihren Kindern, was ihre Vergangenheit betraf. Von ihr selbst kam zu viel Ungereimtes und Unklares.

Irgendwann informierte mich die Tochter, dass Irmtraut verstorben sei. Ich hätte sie gerne noch weiter betreut.

„Amüsett" und andere erfundene Worte

Wenn du den Eindruck hast, dass das Leben Theater ist, dann such dir eine Rolle aus, die dir so richtig Spaß macht.
(William Shakespeare)

2009 kam Friedrich, Jahrgang 1932, zum ersten Mal zu mir. Mein privates Pflegehaus gab es damals noch nicht lange. Er war ein Bär von Mann: riesig, stattlich und korpulent.

Ich hätte mich mindestens zweimal hinter ihm verstecken können. Bevor ich ihn kennengerlernt hatte, hatte ich mir einen dünnen, mittelgroßen Mann vorgestellt. So kann man sich täuschen ... Sein Gang war ein wenig schwerfällig, aber sicher. Auch sonst war er verhältnismäßig mobil, doch er war an Demenz im fortgeschrittenen Stadium erkrankt.

Als seine Frau ihn brachte, fiel mir auf, dass sie total am Ende ihrer Nervenkraft war. Sie sprach es offen an:

„Ich kann nicht mehr und ich weiß nicht, wie lange ich noch durchhalten werde." Ihre sanften Augen glitzerten von Tränen.

Wir hatten vereinbart, dass Friedrich drei Wochen bei mir bleiben sollte. Beim Abschied wünschte ich ihr eine gute Zeit, in der sie sich hoffentlich erholen würde.

In den nächsten Jahren kam Friedrich zwei-, manchmal auch dreimal im Jahr zu mir. Ich lernte Friedrich immer wieder von einer anderen Seite kennen und erlebte auch seinen stetigen Abbau. Er war mitunter sehr herausfordernd, weil er manchmal absolut nicht das tun wollte, was angesagt war.

Der Umgang mit einem Demenzkranken erfordert Ideenreichtum und Gelassenheit. In seine Welt einzutauchen, ist fast nicht möglich. Aber trotzdem kann ich seine Äußerungen und seine Haltung ernst nehmen, aufgreifen und versuchen, darauf zu reagieren und damit umzugehen. Das hilft ungemein im alltäglichen Miteinander.

Ich stelle immer wieder erstaunt fest, dass ich demente Menschen verstehen kann. Vielleicht, weil ich sie mag? Vielleicht, weil sie mir wichtig sind? Vielleicht hat Gott mich aber einfach mit eben dieser Gabe ausgestattet? Ich spüre jedenfalls an ihrer Reaktion, dass sie sich verstanden fühlen. Beinahe immer habe ich den Eindruck, dass ich weiß, was meine dementen Besucher meinen oder was sie gerade brauchen. Mir war das lange nicht bewusst, dass das eine besondere Gabe sein könnte, weil ich es als selbstverständlich ansah. Erst später merkte ich, dass es für die meisten Menschen sehr schwierig ist, sich in die Gedankenwelt von demenziell Erkrankten hineinzuversetzen und hinter ihren oft wirren Aussagen das eigentliche Bedürfnis zu erkennen.

Ganz schwierig wird es, wenn jemand einem dementen Menschen seine Sichtweise ausreden will, weil derjenige überzeugt ist, sie korrigieren zu müssen, da die Realität (für ihn) anders aussieht. Damit erntet man meist Ablehnung oder sogar Blockade und Unwillen.

Friedrich lebte definitiv in seiner eigenen Welt. Meistens war er darin zufrieden. Aber mitunter kollidierte meine Wirklichkeit mit seiner und das sah dann so aus: Einmal wollte Friedrich nach dem Essen partout nicht von der Küchenbank aufstehen. Er war zufrieden so, warum also sollte er sich bewegen? Gut zureden, anstoßen, ablenken – nichts half. Ich ließ ihn also zunächst in Ruhe und wartete ab. Dann klappte es nach ein paar Minuten tatsächlich. Wäre er sitzen geblieben wäre er mit Sicherheit auf der Bank eingeschlafen. Auch der Toilettengang wäre ausgefallen – mit entsprechenden Folgen.

Ein anderes Mal stand er nach dem Essen mitten im Wintergarten, machte seinen Gürtel auf und fing an, seine Hose runterzuziehen ... Ich sah genau vor mir, was jetzt kommen würde und stürzte zu ihm hin. Dabei musste ich sehr, sehr diplomatisch vorgehen, um ihn nicht zu reizen und seinen Trotz hervorzurufen.

„Komm mit mir, ich begleite dich dorthin, wo du hinmöchtest. Du hast ja auch schon mal angefangen ...“, versuchte ich es so ruhig wie möglich und nahm ihn am Arm. Erst wehrte er ab und machte weiter. Aber zum Glück ging er schließlich doch mit mir zur Toilette. Die Vorstellung, ein „großes Geschäft“ irgendwo aus meinem Wintergarten entfernen zu müssen, löste verständlicherweise etwas Panik in mir aus.

Wenn Friedrich mental wach war, konnte er unglaublich bemerkenswert reden. Dazu hob er eine Hand, zeigte herum und machte bedeutungsvolle Gesten. Er vermittelte den Eindruck, als hätte er etwas sehr Wichtiges mitzuteilen. Dann schaute er mich durchdringend an und forderte meine Aufmerksamkeit. Sicher hatte er in seinem vergangenen Arbeitsleben das Sagen in einer führenden Position gehabt.

Aber vor allem ist mir Friedrich durch seine originellen Sätze und Wortneuschöpfungen in Erinnerung geblieben. Ich habe über die Jahre einige Beispiele gesammelt, über die ich mich heute noch amüsiere:

Einmal sah er mich am PC sitzen und kommentierte:

„Du bist auch ein geschädigtes Objekt."

Und ich dachte: *Ach, sieh mal einer an* ...

An einem Vormittag reichte ich ihm seinen Hustentee und sagte: „Friedrich, hier ist dein Tee, bitte schön. Ich bin so froh, dass dein Husten besser geworden ist."

Da antwortete er, während er meine Hand streichelte:

„Ich danke dir. Du bist mein gutes Besserchen. Mein gutes, liebes Besserchen."

Nachmittags war er oft munterer als am Morgen, dann machte er seine Runden durch die Wohnung und wanderte von Zimmer zu Zimmer. Einmal blieb er nach einer solchen „Wanderung" vor mir stehen, reichte mir die Hand und sagte:

„So, vielen Dank. Das war eine schöne Führung durch diese Moschee." Ich stutzte und dachte nur: *Wer weiß, was er in früheren Tagen so alles erlebt haben mag, und warum meine Zimmer ihn ausgerechnet an eine Moschee erinnern?* Natürlich bekam ich keine Antwort auf diese Frage. Ich nahm seine Bemerkung einfach – wie so häufig – amüsiert zur Kenntnis.

Einen weiteren seiner Rundgänge unterbrach er eines Tages, hob bedeutsam eine Hand und sagte:

„Hier ist auf der ganzen Linie Ruhe-Segen ausgebrochen."

Dabei zeichnete er eine horizontale Linie in die Luft. Ich spürte deutlich seine Zufriedenheit in seinen Gesten und Worten. Es hatte zwar meistens den Anschein, als seien Friedrichs Sätze verworren und ohne Sinn, aber ganz offensichtlich spürte er in dieser Situation eine Atmosphäre, die ihm dieses Gefühl von Frieden vermittelte, was mich wirklich glücklich machte.

Ein anderes Mal äußerte er:

„Ich lebe hier nach meinem Geschmack."

Oder er sagte: „Da steckt doch so viel Friede drin. Hier!"

Dabei zeichnete er wieder einmal mit der Hand einen weiten Bogen in die Luft. Solche Bemerkungen freuten mich sehr, und ich dachte wie so oft: *Genau das wollte ich! So soll es sein in meinem Haus.*

Eines Abends wickelte ich Friedrich zum Schlafen warm ein. Da er leicht fror, kam noch eine weiche Decke um seine Füße und eine weitere um seine Schultern. Ich wünschte ihm eine gute Nacht und strich ihm leicht über die Wange. Äußerst zufrieden strahlte er wohlig und sagte langsam und wohlüberlegt:

„Jetzt hast du alles ganz kostbar eingepackt."

Ein unvergesslicher Dialog ereignete sich an einem hellen Sommertag. Friedrich und ich standen im Wintergarten und schauten in den großen Kirschbaum, der direkt vor den Fenstern steht.

„Siehst du das Vogelhäuschen da im Baum?", fragte ich ihn.

„Ja. Und?"

„Da haben die Meisen genistet. Jetzt fliegen sie raus und wieder rein."

Er überlegte. Dann sinnierte er mit erhobener Hand, die er hin und her wendete, über das Thema Reichtum:

„Na, ich will mal so sagen: Die werden da – die werden da doch alle reich, die da drin."

„So, meinst du? Wieso?", hakte ich nach.

„Na, hör mal! Die da wohnen – da wird geschichelt und gebichelt und geschogt." Dann winkte er ab und ließ mich mit meinem Versuch, seine Aussagen zu interpretieren, ratlos, aber schmunzelnd zurück.

Ein anderes Mal saß er im Sessel in seinem Zimmer. Ich ging zu ihm und lud ihn ein:

„Friedrich, kommst du mit in den Wintergarten zum Kaffeetrinken?"

„Ich kann jetzt nicht mitkommen. Ich bin doch hier in Berufung im fünften Gang. Hier!", antwortete bestimmt. Na, dann …

Als wir beide einmal am Waschbecken standen, streichelte er mir über den Rücken. Betroffen sagte er:

„O, du hast ja gar kein Fell auf den Rippen, Mensch!"

„Stimmt, habe ich nicht."

„Da habe ich aber zehnmal mehr."

„Allerdings!" Das konnte ich nur lachend bestätigen.

Friedrich war in dieser ersten Zeit nicht der einzige Gast zur Pflege bei mir. Irmtraut, die zierliche, sehr alte Dame, von der ich schon berichtet habe, war zur gleichen Zeit mein Gast. Sie saß in ihrem Sessel und Friedrich ging mehrmals zu ihr hin und reichte ihr die Hand zum Abschied.

„So, dann machen Sie es gut. Bleiben Sie brav und anständig."

Er hatte Irmtraut niemals zuvor gesehen und es war auch überhaupt nicht klar, wo er hinwollte. Aber das spielte keine Rolle, jetzt war Verabschieden dran und der dazugehörige, obligatorische Spruch.

Friedrichs Frau erzählte mir eines Tages, wie vergesslich sie geworden sei und drückte ihr Bedauern darüber aus. Ihr Mann, der aufmerksam zugehört hatte, kommentierte:

„Ja, nachts geht es den jungen Frauen sonnenklar auf."

Das mussten Irmtraut, Friedrichs Frau und ich mit unterdrücktem Lachen, aber unkommentiert so stehenlassen.

Eines Tages hatte Friedrich ein Problem. Sein Mittagsschlaf war gerade beendet, er lag aber noch im Bett. Da hörte ich ihn rufen: „Heinrich! Heinrich!"

Ich ging zu ihm und fragte, was denn los sei.

„Ich habe den Heinrich eingegraben. Und der hat mir den Damenletto zugesagt."

Ich überlegte, wie ich ihm wohl helfen könnte, und antwortete ihm: „Dann kann ich das ja weiterleiten. Ist das in Ordnung?"

„Ja, morgen kommt er nämlich. Das gibt ein Amüsett."

Damit war die Angelegenheit für ihn geklärt und er konnte beruhigt aufstehen. Hätte ich hier lange nachgehakt, was er denn damit meine, hätte ich seine Wortneuschöpfungen korrigiert oder ihm zu erklären versucht, dass seine Aussagen keinen Sinn ergeben, hätte ich Friedrich mit Sicherheit nur unnötig beunruhigt, betrübt oder sogar verärgert. Während der vielen Jahre, die ich mit demenziell erkrankten Menschen verbracht habe, habe ich gelernt, dass hier kurze, kreative Antworten, die Verständnis signalisieren, am besten sind.

Auch mein Mann Uwe hat mit dieser Art der Kommunikation gute Erfahrungen gemacht. Eines Abends, als er von der Arbeit nach Hause kam, stellte Friedrich sich ihm im Flur breitbeinig in den Weg, die Hände in die Seiten gestemmt:

„Was willst du denn hier?", fragte er herausfordernd.

„Ich habe Hunger und möchte jetzt was essen."

„Ja, und?! Das hättest du auch daheim machen können!"

„Ja, das hätte ich. Aber hier schmeckt es mir besser!", war Uwes schlagfertige Antwort, mit der Friedrich einverstanden war.

Kurz danach stand Friedrich in Gedanken versunken vor dem Fernsehsessel in seinem Zimmer. Unvermittelt sagte er zu Uwe:

„Jetzt muss ich erst mal Herrn Grün anrufen."

„Warum musst du Herrn Grün anrufen?"

„Na, der soll mit seinem Anhänger hier hinkommen und den Sessel aufladen."

„Und wo soll er den Sessel dann hinbringen?"

„Nach Zwietshausen natürlich, wo ich wohne."

Uwe überlegte einen Moment und meinte dann:

„Weißt du was, Friedrich, wir haben jetzt sechs Uhr am Abend. Der Herr Grün wird heute nicht mehr kommen. Ich würde vorschlagen, du rufst den Herrn Grün morgen an."

Damit war Friedrich einverstanden. Morgen. Bis morgen war es noch sehr lang. Nach einer Viertelstunde – ach was, nach zwei Minuten – hatte Friedrich die Sache vergessen.

Später standen Uwe und Friedrich im Wintergarten am Fenster und schauten gemeinsam in den Garten. Friedrich philosophierte und benutzte beide Hände, um seine Ausführungen zu unterstreichen:

„Ich will mal so sagen: Das ist ein wunderschön angelegtes Areal. Da hat die Frau weiträumig Auslauf. Morgens kann sie da rausgehen ... und abends ... ja, abends kann sie wieder reinkommen."

„Ja", bestätigte mein guter Mann, „so ist es! Darum habe ich das auch so großzügig gestaltet in meinem Garten. Da hat die Frau jede Menge Auslauf."

Diese Machos, dachte ich kopfschüttelnd und grinste in mich hinein. *Wie gut, dass das sonst niemand gehört hat!*

Alma als Wohltäterin

Jeder Mensch liebt auf seine ihm eigene Weise. Aber er liebt.

(Anonym)

Sie war eine alte Dame mit Demenz, sehr wenigen Zähnen, aber einem großen goldenen Vorderzahn. Sie hatte Stricknadeln dabei und sie kam zu mir, weil sie Pflege brauchte und ihre Nichte Gisela Erholung.

Alma war es gewohnt, das Sagen zu haben. Immerhin hatte sie 30 Jahre lang einen größeren Laden geführt. Sie war unverheiratet, aber nicht einsam. Nach ihrer Selbstständigkeit hatte sie einige Jahre ihre Nichte im Haushalt, im Garten und bei der Versorgung der Kinder unterstützt. Im Gegenzug versorgte Gisela jetzt Tante Alma.

Aber seit ungefähr zwei Jahren machte sich eine Demenz bemerkbar. Das sah unter anderem so aus, dass Alma zeitweise dauernd nach ihrer Nichte rief, obwohl sie nichts brauchte.

„Hallo, du!" rief sie und Gisela kam herbei. Dann strahlte Alma ihre Nichte an und sagte:

„Schön, dass du da bist." Am Anfang war das irgendwie nett.

Aber wenn das mehrmals am Tag und sogar in der Nacht passierte, dann war das nicht mehr lustig und irgendwann lagen Giselas Nerven blank.

Alma war eine große Frau, aber sie konnte sich kaum noch auf den Beinen halten. Die Arthrose in den Knien schmerzte beim Stehen und Gehen. Beim Transfer vom Rollstuhl ins Bett oder auf die Toilette konnte sie noch einen kurzen Moment stehen. Das war natürlich erleichternd für mich. Die meiste Zeit aber saß Alma in ihrem Rollstuhl und war zufrieden.

„Gib mir mal die Tasche mit dem Strickzeug. Die grüne da hinten!", bat sie mich am zweiten Tag.

„Wo finde ich die Tasche?"

„Da hinten in der Ecke liegt sie."

„Da liegt nur eine rote Tasche."

„Ach, Kind, guck doch mal genau hin." Alma lächelte nachsichtig und ihr einziger goldener Zahn vorne in der Mitte blitzte gebieterisch auf.

„Ihr jungen Leute", seufzte sie. „Ihr müsst lernen, genau hinzusehen."

Ich war vertraut mit dieser Art liebevoller Dominanz. Ich schaute einfach in die rote Tasche und ... siehe da!

„Hier in der *roten* Tasche ist Strickzeug. Bitte schön!"

Ich reichte der alten Dame die Tasche.

„Na siehst du. Wir finden doch alles, wenn wir uns Mühe geben", erwiderte sie.

„Jawoll", antwortete ich gehorsam und schmunzelte. *Feldwebel*, dachte ich. Alma kramte ein langes, gestricktes, buntes „Etwas" hervor, das noch in Arbeit war.

„Was strickst du da, Alma?"

„Ich stricke Schals."

„Hübsch, und für wen sind die langen Schals?"

„Die Soldaten, die an der Front kämpfen und frieren müssen, freuen sich darüber", erklärte Alma mit ernster Miene.

„Aha, kennst du Soldaten, die gerade an der Front sind?", fragte ich interessiert.

„Das nicht gerade. Aber ich schicke die Schals ins Kriegsgebiet und dort werden sie dann verteilt."

„Wie viele davon hast du schon gestrickt?"

„Ach, ich weiß es gar nicht mehr. Es sind viele. Weißt du, ich stricke immer weiter. Die Soldaten können sie gut gebrauchen."

„Das ist lieb von dir, Alma." Ich lächelte sie an.

„Ja, finde ich auch", sagte Alma und arbeitete weiter an dem angefangenen kunterbunten Schal.

Eines Nachmittags kam ich in ihr Zimmer, um sie nach dem Mittagsschlaf aus dem Bett zu holen. Ich erschrak, weil das Pflegebett bis fast unter die Zimmerdecke nach oben gekurbelt war. Die Kabelfernbedienung des Bettes lag auf Almas Bettdecke. Zum Glück war das Bettgitter hochgezogen, wie ich es mit den Angehörigen vereinbart hatte.

„Hallo, du!", rief Alma strahlend. „Hallo, du!"

„Alma, wo bist *du* denn? Willst du hoch hinaus?"

„Hier ist es schön. Ich kann den ganzen Garten sehen. Die haben allerdings viel Unordnung da drin."

Alma zeigte von ihrer hohen Position direkt in den Garten der Nachbarn. Ich angelte mir die Kabelfernbedienung, um das Bett wieder nach unten zu befördern. Als Alma sah, wie ich an der Fernbedienung auf die Knöpfe tippte, sagte sie erstaunt:

„Ach, da ist das Telefon! Ich habe es nicht gefunden, also konnte ich auch nicht noch mal anrufen."

Manchmal war es zum Luftanhalten, manchmal zum Schmunzeln oder gar zum Lachen, was ich mit Alma erlebt habe. Ich rätselte oft, wie ich sie einschätzen sollte. Sie war eine fromme Frau, und es lag eine ausgeprägte Freundlichkeit in ihren Augen. Aber diese sichtbare Güte oder dieses Wohlwollen stand nicht unbedingt im Einklang mit ihren Worten. Sie befahl nicht direkt, aber sie war mitunter sehr fordernd. Alma war einfach speziell. Wenn ich ihr erklärte, dass sie bitte nicht ohne Grund rufen solle, dann entschuldigte sie sich für die Störung und gelobte Besserung. Ihr Vorsatz hielt allerdings nur zehn Minuten. Dann rief sie wieder nach mir. Nun ja, das war ihrer Demenz geschuldet.

Auffällig an Alma war auch ihre gewählte Ausdrucksweise. Sie sagte nicht einfach: „Das Essen schmeckt." Sie formulierte stattdessen: „Das ist ein feines Essen. Was für ein Gewürz hast du verwendet?"

Manchmal ergab sich sogar ein Gespräch darüber, was im Garten wuchs und was Alma selbst früher angebaut hatte.

„Es gab immer sehr viel zu tun im Garten. Aber wir haben das gerne gemacht."

Es freute sie, wenn ich sie sonntags mit in den Gottesdienst nahm. Unverblümt und laut flüsternd sagte sie während des Gottesdienstes einmal: „Der Mann da vorne redet zu undeutlich."

Und: „Wieso stehen die jungen Leute beim Singen?"

Einmal sagte sie:

„So ein langer Bart! Das muss ja auch nicht sein", und zeigte dabei auf einen jungen Mann eine Reihe neben uns.

Peinlich? Oder einfach kurios? Früher war mir so was ziemlich unangenehm und ich habe mich fremdgeschämt. Aber heute lasse ich solche unverblümten Kommentare „meiner Alten" einfach stehen und denke: *So sind sie halt. Nicht aufregen – lohnt sich nicht!*

Allerdings habe ich manches Mal auch schon Diskussionen mit den alten Leuten geführt, wenn sie pauschal über die „schlechte Jugend" schimpften, was ja nicht selten vorkommt.

Ich erinnere mich zum Beispiel an ein Gespräch mit

Erika. Sie las einen Artikel in der Zeitung, in dem berichtet wurde, dass Jugendliche in einer Schule randaliert hatten.

„Diese Jugend!", schimpfte sie. „Die Jungen sind alle verdorben in unserer Zeit. In meiner Jugendzeit herrschte noch Anstand und Ordnung. Wir hatten Respekt."

„Bist du dir sicher, dass *alle* Respekt hatten?", fragte ich.

„Natürlich!", entrüstete sie sich, „so was gab es doch damals nicht."

„So was vielleicht nicht, dafür aber vermutlich anderes ...?"

„Nein, nein!", beharrte Erika auf ihrem Standpunkt.

„Hm, ich war ja nicht dabei damals", sagte ich. „Aber ich denke was anderes: Von *wem* wurde die Jugend von heute denn aufgezogen? Sind es nicht die jetzt Älteren, die das Leben der heute Jugendlichen geprägt haben? Schimpft man da nicht in die eigene Tasche, wenn man sich immer über die jungen Leute beschwert?"

Erika war beleidigt. Und ich konnte mir auch denken, weshalb, da ich wusste, dass ihr eigener Sohn von ihr total verwöhnt worden war und auch als erwachsener Mann nicht in der Lage war, seine Finanzen und sein Leben insgesamt verantwortungsvoll zu meistern. Offensichtlich hatte ich mit meiner Bemerkung einen wunden Punkt getroffen, aber vielleicht konnte mein Einwand ja dazu beitragen, dass sich Erika nicht mehr so schnell zu Pauschalverurteilungen hinreißen ließ.

Begegnung in der Welt der Demenz

Im Grunde sind es doch die Verbindungen mit Menschen,
die dem Leben seinen Wert geben.

(Wilhelm von Humboldt)

Eberhard wurde von seiner Frau Elise im Sommer 2010 zu mir gebracht. Sie wollte mit Freundinnen verreisen. Seit 15 Jahren pflegte sie ihren 74-jährigen Mann.

Eberhard war ein gut aussehender Mann gewesen, wovon seine Figur und seine Gesichtszüge noch zeugten. Und außerdem war er mit Sicherheit ein Gentleman. Das spürte ich. Mit 59 Jahren erlitt er während seiner Tätigkeit als Bürokaufmann einen Herzstillstand. Die Rettungsassistenten reanimierten ihn erfolgreich. Aber danach hatte sich das Leben für ihn, für seine Ehefrau und die Kinder völlig verändert. Eine starke geistige Behinderung blieb zurück und er brauchte für alles Hilfe. Wenn Eberhard ging, wankte er, als würde er jeden Moment hinfallen, trotzdem war er erstaunlich sicher auf den Beinen. Allerdings legte er sich auch gerne hin oder saß irgendwo herum.

Im ersten Sommer, in dem Eberhard bei mir war, hatte ich im Garten ein paar Matratzen übereinanderliegen. Wenn wir nach draußen gingen, warf sich Eberhard sofort auf dieses herrlich weiche Lager und betrachtete den Himmel und die Bäume; oder er schlief ein, während ich die Wäsche aufhängte.

Er hatte ein einnehmendes Lächeln, wenn man ihn ansprach oder anlächelte. Sein Kopf fiel immer nach unten, als könne er ihn nicht halten. Beim Lächeln oder wenn er etwas sagte, schaute er schräg von unten zu einem hoch. Allerdings sprach er nur einzelne Wörter, deren Bedeutung man manchmal erraten musste. Sehr verblüffend war daher, dass er ganze Lieder mitsingen konnte, wenn ich sang.

„Komm", sagte er manchmal und lockte mich mit dem Zeigefinger herbei. Dann nahm er meine Hand, hielt sie ganz fest und grinste mich an.

Beim Essen brauchte Eberhard Hilfe und es kam nicht selten vor, dass er mit vollem Mund heftig niesen oder husten musste. Oft konnte ich mich nicht schnell genug in Deckung bringen; danach sah ich aus wie eine gesprenkelte Wachtel.

Ich stöhnte dann und empörte mich:

„O nein, Eberhard! Muss das denn sein?"

Er schaute mich an, lachte und sagte dann einfach „Ja!"

Im ersten Jahr, in dem Eberhard bei mir war, kam Paula dazu. Paula hatte fortgeschrittene Demenz und konnte so gut wie gar nicht mehr sprechen. Den ganzen Tag ging sie umher und hatte immer einen kleinen Teddybären dabei, den sie in den Händen bewegte. Saß sie mal am Tisch, dann faltete sie immer und immer wieder ein kleines Handtuch. Wenn Paula zum Essen aufgefordert wurde oder ins Bad gehen sollte, war es meistens schwierig mit der Verständigung. Nahm ich sie aber an die Hand oder fasste sie liebevoll am Arm, dann ging sie mit.

Auch Paula konnte singen. Sie hatte offensichtlich einen reichen Schatz an christlichen Liedern, die sie in ihrer Kindheit und Jugend gelernt und gesungen hatte. Immer, wenn ich ein Lied anstimmte, sang Paula sofort mit. Wenn ich aufhörte, verstummte sie auch. Einmal sang ich ein Lied mit dem Text von Psalm 23, worin Gott als guter Hirte besungen wird. Die zweite Strophe geht folgendermaßen:

„Unter seinem sanften Stab,

geh ich aus und ein und hab

unaussprechlich süße Weide,

dass ich keinen Mangel leide,

und so oft ich durstig bin,

führt er mich zum Brunnquell hin."

Plötzlich sang Eberhard mit. Ich war erstaunt! Nicht darüber, dass er sang, sondern weil er dieses alte Lied kannte. Aber bei der letzten Zeile traute ich meinen Ohren nicht. Eberhard sang: „Und so oft ich durstig bin, führt er mich zum Friedhof hin ..."

Ich musste mir das Lachen verkneifen und schaute ihn fragend an. Er grinste triumphierend und sagte: „Ja."

Aber ich schüttelte den Kopf und meinte:

„Eberhard, das muss anders heißen. Das mit dem Friedhof stimmt nicht. Wenn wir Durst haben, gehen wir zum
Brunnen, nicht zum Friedhof." Wieder grinste Eberhard
und sagte einfach nur: „Ja."

Einmal waren Eberhard und Paula gleichzeitig im Haus
unterwegs und kamen in die große Küche, die auch Verbin-
dungszimmer zum Wintergarten ist. Ich hatte gerade dort
zu tun. Eberhard murmelte etwas vor sich hin und Paula,
die ihm entgegenkam, hielt vor ihm an. Er berührte sie und
Paula stutzte. Eberhardt schaute sie an und sagte: „Komm!"

Paula stand einfach da. Plötzlich lächelte sie Eberhard
zaghaft an und reichte ihm die Hand. Eberhard lächelte
zurück und nahm ihre Hand in seine. Dann ging jeder seinen Weg weiter. Ich war berührt von diesem kurzen Augenblick der Begegnung.

Dabei fiel mir ein, dass ich als Jugendliche den Wunsch
hatte, als Sonderpädagogin mit Behinderten zu arbeiten.
In diesem besonderen Moment kam mir die Erkenntnis:
*Was mache ich denn anderes? Ist meine Arbeit, die ich jetzt
tue, nicht genau das, was ich immer wollte?* Und es fühlte sich
nach Glück an. Ja, meine Tätigkeit macht mich glücklich.

Eines Abends – nach unserem Vorlese- und Gesangri-
tual im Anschluss an das Abendessen – stand erst Eberhard auf und dann auch Paula, und sie machten ihren Rund-
gang durch die Räume. Eberhard schlurfte müde durch den
Wintergarten und auch Paulas Schritte waren am Ende des
Tages klein und zaghaft geworden. Wieder begegneten sich

die beiden. Dieses Mal nahm Eberhard Paula am Arm, und sie gingen ein paar Meter gemeinsam – wie alte Freunde, die nicht unbedingt reden müssen, um sich zu verstehen. Harmonisch sah das aus. Anrührend. Schön. Ja, diese eigenartige und zugleich zärtliche Geste wirkte schön.

Immer wieder stelle ich fest, wie empfänglich alte Menschen mit Demenz für emotionale Zuwendung sind. Ebenso für liebevolle Berührungen. Sie haben ein feines Gespür für die Atmosphäre, die herrscht; sie nehmen wahr, ob die Stimmung angespannt und aufgeladen ist oder angenehm und freundlich.

Allein ein harter Ton kann dazu führen, dass ein demenziell Erkrankter sofort dicht macht, nicht mehr laufen, nicht mehr essen, nicht mehr kooperieren will und sich allem verweigert.

Ein liebevoller, einfühlsamer Ton hingegen und dazu eine zarte Berührung am Rücken oder am Arm wirken oft Wunder.

Es kommt vor, dass ich den einen oder anderen Gast in den Arm nehme, wenn ich den Eindruck habe, dass ich mit dieser Geste Traurigkeit oder Hilflosigkeit mildern kann. Aber solch eine Umarmung wird nicht ausschließlich richtig verstanden, wie die nächste Begebenheit zeigt.

Edwin hat Heimweh

Wir können den Wind nicht ändern, aber die Segel
anders setzen.

(Aristoteles)

Edwin, 83 Jahre alt, war ein kleiner kräftiger Mann mit freundlichem, stillem Blick unter den buschigen Brauen und einem gemütlichen Gang. Mit seiner beginnenden Demenz redete Edwin ausgesprochen selten. Nicht, dass ihm die Worte abhandengekommen waren, aber er mochte nicht sprechen, was wahrscheinlich eher seiner typisch hessischen Mentalität geschuldet war.

Auch er kam einige Jahre jeden Sommer in mein Haus, manchmal im Herbst noch einmal und lebte sich scheinbar schnell ein, wenn er bei mir war. Edwins Figur, seine Art, sich zu bewegen und seine O-Beine erinnerten mich an meinen längst verstorbenen Großonkel mit demselben Namen. Ich hatte als Kind nicht viel mit ihm zu tun gehabt, aber trotzdem waren die wenigen Begegnungen mit ihm wie ein Hauch aus uralten Zeiten gewesen. Unter seinen buschigen Augenbrauen blickten entschlossene, warme Augen, die auch einen winzigen Anteil an Strenge enthielten. Die stille Art meines Gastes Edwin deutete ich als Zufriedenheit und in sich ruhende Haltung.

Eines Tages schlich er in der Küche in meiner Nähe herum.

„Hast du Hunger, Edwin?" Ich unterbrach meine Arbeit beim Gemüseschnippeln, drehte mich zu ihm um und schaute ihn an. Edwin schüttelte den Kopf.

„Was fehlt dir denn? Hast du Schmerzen?"

„Ja", kam es leise.

„Oh, Edwin! Wo hast du denn Schmerzen?"

Edwin überlegte eine ganze Weile. Dann beugte er sich zu mir hin und flüsterte:

„Ich habe Heimweh!"

Ich sah Tränen in den alten grauen Augen glitzern und es rührte mich. Heimweh konnte schlimm sein. Ich selbst hatte nie damit Probleme gehabt, aber ich wusste von Betroffenen, dass es ziemlich elementar sein muss, an Heimweh zu leiden.

„Was machen wir denn da?"

Edwin zuckte mit den Schultern und sagte geknickt:

„Nach Hause gehen."

„Hm, das tut mir leid, aber das geht nicht. Zu Hause ist gerade niemand da, der sich um dich kümmern könnte. Deine Kinder sind in den Urlaub gefahren."

„Meine Mutter ist zu Hause", hauchte Edwin (seine Mutter lebte natürlich schon sehr lange nicht mehr) und verließ die Küche, um sich in seinem Zimmer hinzulegen, was er zwischendurch brauchte.

Am nächsten Morgen sprach er wieder von Heimweh, und er stöhnte, als habe er starke, körperliche Schmerzen.

Seine Augen spiegelten sein seelisches Leiden wider. Ich legte meine Hände auf seine Schultern und wollte ihm etwas Tröstliches sagen, doch im selben Moment war ich wie elektrisiert von seiner Reaktion. Er wollte mich heftig an sich reißen und versuchte, mich zu küssen. Zutiefst erschrocken und empört machte ich mich von ihm frei, was schwieriger war, als ich erwartet hatte. Er schien mit der plötzlichen leidenschaftlichen Erregung auch immense Kräfte zu entwickeln. Ich bekam regelrecht Angst. So schnell wie möglich ging ich aus dem Zimmer und verhielt mich von da an distanziert ihm gegenüber. Ich wusste, er hatte diesen „Anflug" sehr schnell wieder vergessen – wahrscheinlich bereits keine Viertelstunde danach. Darum war es sinnlos, das Thema noch einmal anzusprechen. Aber für mich war dieses Erlebnis sehr unangenehm, und ich brauchte eine Weile, bis ich es verarbeitet hatte. In Zukunft war ich mehr auf der Hut, wenigstens bei Edwin.

Später erinnerte ich mich daran, dass es wahrscheinlich seiner veränderten Medikation geschuldet war, dass seine Sehnsucht nach Zuhause und Geborgenheit auch körperliche Dimensionen angenommen hatte. Edwins Tochter hatte in einem Nebensatz erwähnt, dass er ein anderes Medikament bekommen habe und dass er seither irgendwie „anders" sei. Ich hatte leider nicht nachgefragt, was genau sie mit „anders" meinte ...

Dieses Erlebnis, obwohl es unangenehm für mich war, tat meiner Zuneigung zu Edwin keinen Abbruch. Er tat mir eher leid, weil er erkennbar litt: an Heimweh und an seiner durch die Demenz veränderten Wahrnehmung. Und wer weiß, was ihn sonst noch plagte ...

Ich vermute, Edwin war in seinem langen Leben ein ehrbarer und fleißiger Mann gewesen, der sich nicht so schnell hängen ließ. Jedenfalls entnahm ich meine Vermutung den wenigen Äußerungen seiner Kinder und auch seiner Art im Allgemeinen.

Es war der letzte Sommer, in welchem Edwin bei mir zur Betreuung war. Im April des folgenden Jahres starb er. Ich sah seine Todesanzeige in der Zeitung und konnte nur hoffen, dass er jetzt zu Hause und geborgen ist.

Veränderung im Alter?

Lasst uns nun die Werke der Finsternis ablegen.
(Römer 13,12; rev. Elberfelder)

Berthold, das wusste ich, hatte in einer Firma gearbeitet. Er hatte eine höhere Position innegehabt – mit eigenem Büro und Sekretärinnen. Bei Berthold musste ich aufpassen, das merkte ich schnell. War er gut drauf, wanderte er viel im Haus umher. Dann konnte es passieren, dass er im Vorbeigehen meinen Po begrabschte. Einmal griff er mir sogar in den Ausschnitt.

„Hallo, mein Herr!", blitzte ich ihn zornig an.

„Was ist?", tat er ahnungslos.

„Halten Sie bitte Ihre Hände bei sich!" Da konnte ich förmlich werden. Aber das reizte ihn offensichtlich erst recht. Er grinste frech und sagte:

„Ach, Schätzchen. Warum denn?" Und dann breitete er die Arme aus und spitzte seinen Mund zu einem Kuss. Ich hatte den leisen Verdacht, dass Berthold seine eigene Moral bezüglich des Umgangs mit Frauen hatte. Und zwar nicht erst, seit er dement war. Angriff war also keine Option für mich. Ich entschloss mich dazu, es zu ignorieren, wenn er wieder einmal übergriffig werden wollte. Auch ging ich ihm möglichst aus dem Weg, wenn ich merkte, dass er übermütig wurde. Demenz ist eine Sache, aber ein inakzeptables Verhalten eine andere.

Ich werde immer mal gefragt, ob Leute sich im Alter total verändern und erst durch die Demenz so ganz anders werden. Man kann darüber unterschiedlicher Meinung sein und es gibt da auch verschiedene Interpretationsansätze. Meine Beobachtung ist, dass sich gewisse Charakterzüge eines Menschen durch die demenzielle Erkrankung verstärken können. Wenn jemand seinen Angehörigen auf einmal als „ein völlig anderer Mensch" erscheint, dann könnte vielleicht ein Grund sein, dass sein bisher verborgen gehaltenes Denken oder Tun im demenziellen Zustand viel ungeschützter zutage tritt. Das ist nur so eine Vermutung aufgrund meiner Beobachtungen. Aber das Thema Demenz ist bisher noch nicht ausreichend erforscht und vieles liegt im Dunklen.

Ob da im Inneren eine tiefe Güte und Hingabe war, die andere gar nicht so wahrgenommen haben, oder ob Bitterkeit kultiviert wurde, von der die Umgebung nichts merkte, weil der Mensch schweigsam oder zurückhaltend war? Möglicherweise kommen die wahren Charaktereigenschaften eines Menschen bei schwindender Zurechnungsfähigkeit deutlicher zum Vorschein.

Groll, Hass, Unversöhnlichkeit oder schmutzige Fantasien können in einem Menschen lange unsichtbar im Herzen rumoren und dort – heimlich – kultiviert werden. Es braucht viel Kraft und Erfindungsgeist, um diese „heimlichen Dämonen" zu besänftigen und gleichzeitig unter der Oberfläche zu halten. Fällt der Kontrollmechanismus des Verstandes und der konventionellen Codes weg, weil die Gedanken und das Verhalten nicht mehr kontrolliert und gesteuert werden können, werden sie freigesetzt.

Das ist ausschließlich meine persönliche Interpretation aufgrund meiner Erfahrungen mit Menschen, die ich vor und nach der Demenzerkrankung kannte.

Natürlich gibt es Ausnahmen, vor allem wenn Medikamente mit im Spiel sind, die bekanntlich auch eine Auswirkung auf das Verhalten der Patienten haben können. Bei allem jedoch erfordert der Umgang mit Demenzkranken Fingerspitzengefühl und vor allem Wertschätzung und Annahme.

Nicht immer fällt es mir leicht, diese Annahme zu leben. Wenn ich zum Beispiel jemanden in meinem Haus aufnehme, der so gar nicht kooperativ ist und dadurch meine Betreuung sehr erschwert, brauche ich besonders viel Hilfe von Gott und Gebet um Liebe, Freundlichkeit und Nervenkraft. Ich habe immer wieder erfahren, dass diese besonderen Bittgebete gerade bei der Betreuung schwieriger Menschen ihre Wirkung haben! Erstaunt habe ich erlebt, wie jemand merklich umgänglicher wurde, nachdem ich Gottes Segen für ihn erbeten hatte.

Den göttlichen Beistand brauche ich ganz besonders für meine Arbeit, denn es ist bei meinem privaten Betreuungsmodell ja ganz anders als in einer Senioreneinrichtung. In meinem Haus sind die Gäste und ich uns den ganzen Tag nah, und ich bin ohne Kollegen rund um die Uhr für „meine Alten" da und allein für ihr Wohlergehen zuständig. Da ist es für mich besonders wichtig, Gott an meiner Seite zu wissen.

LANGES LEBEN

Zweimal gestorben

In einem dankbaren Herzen herrscht ewiger Sommer.

(Celia Thaxter)

Andrej lebte schon einige Jahre in Deutschland, kam aber ursprünglich aus Polen, und seine Lebensgeschichte ist unglaublich. Als ich ihn 2010 kennenlernte, war er bereits 94 Jahre alt.

Andrej war sehr glücklich über alles, was ihm an Beweglichkeit geblieben war. Jeden Tag machte er bewusst seine Runden durch die Wohnung, damit er so gut wie möglich seine Mobilität erhalten konnte. Dabei trug er seinen Katheterbeutel entweder am Hosenbund oder am Rollator immer mit sich herum.

Andrej war ein kleiner, drahtiger Mann mit beispielloser Zähigkeit und großer Begeisterungsfähigkeit. Zäh war er,

75

weil er alle Ungeheuerlichkeiten des Krieges gut überstanden hatte, und Begeisterungsfähigkeit gehörte einfach zu seinen Wesenszügen. Er hörte zum Beispiel mit solcher Freude Musik, die im Fernsehen lief, dass er mit seinen Kopfhörern im Takt durch die Wohnung marschierte oder – wenn er im Bett saß – zur Musik wippte und schunkelte. Manchmal sang er mit oder lachte laut auf.

Andrej erzählte mir aus seinem Leben: Als Pole kämpfte er im zweiten Weltkrieg mit dem Panzer Tiger II für die Deutschen gegen die Russen. Weit im Osten an der Front wurde Andrej verwundet und kam in ein Lazarett. Als die Wunden geheilt waren, wurde er wieder in den Krieg geschickt. Nach einem halben Jahr wurde er durch einen Granatsplitter im Brustkorb schwer verletzt und wurde wieder in ein Lazarett gebracht. Neben ihm auf den Feldbetten starben die Kameraden reihenweise, nachdem sie Tag und Nacht gejammert oder vor Schmerzen verzweifelt geschrien hatten. Grauenvolle Szenen spielten sich im Lazarett ab, und Andrej lag mittendrin. Seine Schmerzen hielten sich in Grenzen, und er hatte den Eindruck, dass es für ihn weitergehen würde.

In jener Zeit wurde seinen Eltern die Erkennungsmarke von Andrej zugesandt mit einem Schreiben, dass ihr Sohn tot sei. Sie trauerten um ihn, doch Andrej lebte noch. Man hatte seine Jacke mit der Jacke eines toten Kameraden verwechselt, der auf dem Lager neben ihm gelegen hatte, und somit Andrejs Marke versehentlich an dessen Eltern geschickt.

Als Andrej genesen war, fand er seine eigene Erkennungsmarke nicht mehr – nur die Erkennungsmarke seines mittlerweile verstorbenen Kameraden. Andrej suchte seine eigene Marke, was in diesen schrecklichen Zeiten der Suche nach seiner Identität gleichkam.

Als die Verwechslung aufgeklärt war, waren seine Eltern fassungslos, doch sie hatten nicht lange Gelegenheit, sich über die Rückkehr ihres totgeglaubten Kindes zu freuen, denn Andrej musste bald wieder zurück an die Front und kämpfte zum dritten Mal weiter.

Und noch einmal wurde er schwer verwundet, dieses Mal am linken Knie. Auch das wurde „geflickt" und er musste erneut zurück in den Krieg.

Als er und seine Kameraden auf dem Schlachtfeld merkten, dass die russische Armee stärker war und sie aufgeben mussten, sprengten sie ihren Panzer, damit der Feind ihn nicht mehr benutzen konnte.

Andrej kam in russische Gefangenschaft und als er nach dieser schrecklichen Zeit wieder nach Polen heimkehrte, wurde er dort als Verräter des Vaterlandes ins Gefängnis gesteckt, weil er auf deutscher Seite gekämpft hatte. Nach zwei Jahren Haft „durfte" er im Bergwerk arbeiten.

1951 heiratete Andrej und bekam mit seiner Frau drei Söhne. Seine unglückliche Ehe endete mit dem tragischen Tod seiner Frau.

Erst nach der politischen Wende 1991 kam Andrej nach Deutschland. Dort kaufte er sich mit seinem Sohn und dessen Familie ein Häuschen. Für Andrej begann ein neues Leben. Endlich musste er um nichts mehr kämpfen, sondern konnte es sich gutgehen lassen und das Leben in einer deutschen Kleinstadt ein wenig genießen.

Die drei Wochen bei mir empfand er als eine ganz besondere Zeit. Er erzählte sehr viel von sich und interessierte sich auch für mein Leben und das meiner Familie. Zu mir sagte er einmal:

„Ich bin begeistert, wie du das hier alles schaffst. Ich bewundere das!"

Er zog seinen imaginären Hut vor mir. Ich erwiderte:

„Die Achtung liegt ganz auf meiner Seite, würde ich meinen. Wenn ich höre, was du alles erlebt hast, dann ist es ein Wunder, dass du so fröhlich bist und so zuversichtlich." Er lachte herzlich:

„Ja, und das, obwohl ich tot bin."

Und dann erzählte er mir eine Begebenheit, die er vor neun Jahren bei einem Arztbesuch erlebt hatte. Sein Arzt entdeckte den Granatsplitter in seinem Knie und meinte:

„Herr Novak, ich würde Ihnen gerne den Splitter herausoperieren. Wären Sie damit einverstanden?"

Andrej lachte den Arzt aus und erwiderte:

„Wissen Sie, Herr Doktor, der Splitter ist jetzt mehr als

siebzig Jahre in meinem Knie. Der wird mich auch noch überleben. Lassen Sie den mal schön da drin."

So war Andrej! Im Alter von 99 Jahren starb er in einem Seniorenheim.

Herta und Berta

Wer ein gütiges Auge hat, wird gesegnet.

(Sprüche 22,9; Luther)

Tante Mariechen kam von einem großen, alten Bauernhof, war verwitwet und hatte einen Sohn und eine Tochter. Tochter Dorothee lebte mit ihr auf dem Hof und betreute sie. Einmal war Dorothee krank geworden und musste in die Klinik. Was sollte aber mit ihrer pflegebedürftigen 91-jährigen Mutter geschehen? Dorothee hörte von dem Pflegeangebot in meinem Haus, das es seit ein paar Jahren gab. Sie rief gar nicht erst an, sondern kam einfach vorbei, weil sie sehen wollte, was das für ein Betreuungsplatz wäre und mich kennenlernen wollte. Wir vereinbarten einen Termin, wann Dorothees Mutter zur Betreuung kommen sollte.

Tante Mariechen kam für 14 Tage zu mir. Sofort schloss ich sie ins Herz. Sie war eine besondere Frau mit ihren wasserblauen, lieben Augen und ihrer zarten Stimme. *Eine Oma wie aus dem Bilderbuch,* dachte ich sofort, als ich ihre knorrigen kleinen Hände zur Begrüßung nahm. Tante Mariechen war klein, sehr zierlich und still. Sie redete nur, wenn sie angesprochen wurde. Am liebsten mochte sie im Bett bleiben. Aber sie ließ sich auch motivieren, aufzustehen und am Tisch mitzuessen.

Zur selben Zeit waren zwei andere Frauen bei mir. Herta war noch verhältnismäßig fit. Sie ging zwar am Rollator, aber damit machte sie auch weite Spaziergänge. Berta ging noch ohne Rollator. Sie schlurfte ein wenig unbeholfen und sollte deshalb immer ihren Stock benutzen. Das tat sie jedoch sehr ungern, weil es „alt aussah" und sie sich genierte, mit einer Gehhilfe herumzulaufen. Berta redete gern über „fromme" Themen, und sie redete viel! Ebenso gern kommandierte sie andere herum:

„Das Nachthemd wird auf dem Stuhl zusammengelegt!", bestimmte sie, als ich ihr beim Ankleiden half.

Bei Tisch sprach sie mit ihrer lauten Stimme Tante Mariechen an:

„Du musst gerade sitzen! Das ist ungesund, wenn man so krumm dasitzt beim Essen." Tante Mariechen zog die Stirn kraus und schaute verunsichert zu mir hinüber. Aber dann grinste sie zaghaft, als wollte sie sagen: Ach, soll sie doch reden.

Es war jedenfalls eine sehr interessante Gäste-Konstellation, und ich war gespannt, wie sich die drei alten Damen miteinander arrangieren würden. Herta hatte kein Interesse an frommen Sprüchen, aber sie akzeptierte es, dass Berta das christliche Kalenderblatt vorlas und ein paar meist ermahnende Worte anfügte. Dafür mochte Herta abends gerne fernsehen. Sie interessierte sich für Heimatfilme und Krimis.

Eines Abends fragte Herta ihre Zimmernachbarin Berta, ob sie Lust habe, mit ihr zusammen einen Film zu schauen. Über diesen Vorschlag musste Berta erst eine Weile nachdenken. Dann sagte sie:

„Ja, das könnte ich ja mal machen. Aber ich guck keinen Film an, in dem die so aufeinander springen, die Männchen und Weibchen. So was guck ich mir nicht an."

Da ich auch im Zimmer war, horchte ich interessiert auf. *Jetzt wird es spannend,* dachte ich und schaute von einer zur anderen. Ich musste mich beherrschen, um mich nicht einzumischen oder zu lachen. Herta schaute Berta an und grinste:

„Aber warum denn nicht? Das haben wir doch alle so gemacht."

„Nein, nein! Wir nicht!" Berta war zutiefst empört ob solcher Behauptungen. Herta hing mit den Unterarmen auf den Griffen ihres Rollators und sah Berta interessiert an:

„Ach, tatsächlich nicht? Jetzt lach ich mich kaputt! Und

wie habt ihr das denn gemacht, dass ihr Kinder gekriegt habt?"

„Nicht so. Nein! So nicht!"

„Wie denn? Seid ihr heimlich ins Heu gegangen?"

„Nein, nein!" Berta sträubte sich offensichtlich sehr dagegen, über diese Dinge zu reden, obwohl sie selbst das Thema angestoßen hatte. Scheinbar hatte sie nicht damit gerechnet, dass Herta darauf eingehen würde.

„Trotzdem … – *so* haben wir das nicht gemacht", beharrte Berta.

Die Situation war so absurd und urkomisch, dass ich mich vor Lachen setzen musste. Selbst Berta lachte mit und argumentierte weiter. Allerdings konnte Herta ihr nicht mehr folgen, da sie auch so sehr lachen musste. Herta lenkte ein, nachdem sie sich beruhigt hatte:

„Na, komm Berta, da gibt es bestimmt einen Film, wo die nicht so aufeinanderspringen. Den gucken wir heute Abend zusammen an."

Am nächsten Morgen saßen alle gemeinsam am Frühstückstisch. Ich fragte:

„Wie war denn euer Filmabend gestern? War es ein guter Film?"

Herta und Berta sahen einander an. Berta antwortete zuerst:

„Es war ein schöner Film. Da gings um eine Großfamilie in Schottland."

„Ja, und er war absolut anständig", grinste Herta.

Dann kam das Gespräch noch mal auf den originellen Dialog vom Vorabend, und wir erzählten Tante Mariechen davon. Die zierliche, kleine Frau lachte so knochenhart darüber, wie es niemand erwartet hätte, und noch einmal bogen wir uns alle vor Lachen. Genauso trocken sagte sie:

„Früher kam der Klapperstorch und brachte die Babys. Das wissen wir ja!"

Es gab noch ein paarmal ähnlich lustige Episoden, allerdings nicht mehr in Bezug auf das Thema Sexualität.

An einem Abend versorgte ich Tante Mariechen, während die beiden anderen Frauen noch auf dem Balkon saßen. Auf einmal fragte sie mich: „Wie heißt eigentlich die Frau, die immer so bestimmerisch ist?"

„Berta Fuchs heißt sie", antwortete ich.

„Zu mir ist die auch bestimmerisch. Das will ich nicht."

O, dachte ich, *da muss ich wohl doch eingreifen, wenn sie alle drei zusammen sind.* Zu ihr sagte ich:

„Dann sage es ihr doch, dass du das nicht möchtest, dass sie dich rumkommandiert." Tante Mariechen schüttelte leicht den Kopf und schaute mich bittend an. Ich verstand.

„Soll ich mal was zu ihr was sagen, wenn sie nicht nett zu dir ist?", fragte ich sie. Da nickte sie verschämt und drückte fest meine Hand.

„Danke", sagte sie leise und schaute mich mit ihren herzerweichenden, blauen Augen an.

Ab diesem Zeitpunkt musste ich etwas genauer achtgeben, wenn alle drei zusammen waren. Offensichtlich zeigte bereits meine erhöhte Aufmerksamkeit Wirkung, denn zum Glück gab es fortan keine Maßregelungen mehr für Tante Mariechen.

Spaß, Ernst und Liebe

Das Glück deines Lebens hängt von der Beschaffenheit deiner Gedanken ab.

(Marc Aurel)

„Sag mal, hast du noch mehr so eklige Kunden wie mich?", fragte mich Erich völlig unverblümt, während ich ihm half, seinen Pullover anzuziehen. Er brauchte bei allem Hilfe und war oft schwer zu motivieren. Am liebsten wollte er immer im Bett liegenbleiben und vor allem in Ruhe gelassen werden. Über seine direkte Frage musste ich so lachen, dass ich kaum antworten konnte.

„Du bist, wie du bist, Erich. Das ist für mich absolut in Ordnung", brachte ich hervor. Auch er lachte.

Erich war 77 Jahre alt, als er das erste Mal kam. Er und seine Frau Mechthild, die mit ihm zusammen bei mir war, hatten in jungen Jahren sehr viel gearbeitet, hatten sich ein Geschäft aufgebaut und sich abgerackert. Sie wurden erfolgreich.

Jetzt, im Alter, mussten sie alles das hinter sich lassen, was ihr Leben ausgemacht hatte. Ihre Kräfte waren aufgebraucht und das tat weh. War alles umsonst gewesen? Wofür hatten sie sich so abgeschuftet?

Mechtild und Erich waren ein sehr ungleiches Paar. Sie schämte sich häufig für ihn, für seine Art zu reden und für seine derbe Direktheit. Lautstark schimpfte er einmal:

„Das ist eine Scheiße mit meinen Zähnen! Jetzt hängt da wieder was drin." Seine Frau ermahnte ihn daraufhin. Seine derbe Ausdrucksweise war ihr peinlich. Ich schmunzelte.

Mechthild schämte sich auch dafür, meine Hilfe in Anspruch zu nehmen; schämte sich für ihre Schwäche, die sie nicht akzeptieren konnte. Sie schämte sich, dass Erich ab und zu einen kleinen Schnaps verlangte oder einfach eine besondere Delikatesse, was für mich auf jeden Fall in Ordnung war. Immer wieder entschuldigte sie sich für alles und wollte auf jeden Fall einen guten Eindruck hinterlassen.

Erich war so ganz das Gegenteil. Nichts schien ihm peinlich zu sein. Es war für ihn völlig okay, dass ich ihm half und seine gelegentlichen kleinen Extraforderungen hielt er für angemessen.

Erich nahm viel zu wenig Flüssigkeit zu sich. Leider ist das bei sehr vielen alten Menschen der Fall. Da ich immer anwesend bin, kann ich meine Gäste ermutigen und ihnen immer etwas zum Trinken hinstellen. Ich hatte Erich ein Glas Wasser an seinen Platz gebracht.

„Bitte, Erich, trink noch mal was. Du musst mehr trinken! Das fördert die Durchblutung, dann fühlst du dich besser und hast mehr Energie."

„Ja, ja, ist schon klar. Immer diese scheußliche Nötigung zum Trinken", schimpfte er.

„Du kriegst das schon hin, Erich", sagte ich und entfernte mich, um das Mittagessen vorzubereiten. Da sah ich aus dem Augenwinkel, wie er das Glas nahm und sein Wasser ins Glas seiner Frau schüttete. Ich dachte: *Du Gauner, wart's ab!*

Als ich dann das Essen auftischte, goss ich ihm kurzerhand sein Glas wieder voll.

„Halt! Was ich vorhin schon hatte, reicht völlig aus. Man kann es auch übertreiben", motzte Erich lautstark.

„Ja", sagte ich „das stimmt. Aber nur, wenn du es selbst trinkst und es nicht deiner Frau ins Glas kippst." Meine Bemerkung sollte nebenbei klingen. Überrascht sah er mich an und musste dann selbst grinsen:

„Mist! Du kriegst aber auch alles mit. Bist ein mächtiger Aufpasser."

„Klar", erwiderte ich, „das ist mein Job. Nur zum Guten für meine Gäste."

Am Abend forderte ich ihn auf:

„Komm bitte mit ins Badezimmer, Erich."

„Ja, nimm ihn mit", rief Mechthild hinter uns her.

86

„Ich bring ihn hinterher zurück", rief ich über die Schulter zu ihr hin.

„Das brauchst du gar nicht. Kannst ihn ruhig behalten." Es klang halb ernst, halb spaßig.

Ich stutzte. Aber Mechthild blieb dabei und winkte heftig ab.

„Ja, behalte ihn. Ich will ihn nicht mehr." Dabei seufzte sie abgrundtief.

Was sollte ich dazu sagen?

„Hm ...", überlegte ich kurz. „Ja, ist gut. Ich behalte ihn hier."

Tatsächlich konnte ich mir das vorstellen. Wir zwei verstanden uns.

Da horchte Erich auf.

„Ja, echt? Willst du mich hierbehalten?" Erwartungsvoll strahlten seine Augen.

„Willst du mich wirklich behalten, ja?"

Jetzt mussten wir alle drei herzlich über unseren kuriosen Dialog lachen. Mechthild setzte dann sogar noch einen drauf:

„Nimm ihn, Hanne! Ich verkaufe ihn dir."

„Das kann aber sehr teuer werden, Mechthild. Überlege es dir gut", sagte ich zu ihr.

Und im Stillen dachte ich: *Was für eine Comedy-Show!*

Auch wenn bei manchem Wortwechsel die komische Note überwog, war doch klar: Die beiden hatten es nicht leicht miteinander. Aber manchmal unterhielt sich das

Ehepaar auch angeregt über Vergangenes und gemeinsam Erlebtes. Sie schwelgten in Erinnerungen, und Erich gab dazwischen witzige Anekdoten sehr originell zum Besten.

Einmal sagte er:

„Ich sollte Mechthild ja gar nicht heiraten. Ihre Leute sagten damals zu ihr: ‚Was willst du mit dem? Was kann der schon? Der hat nicht mal was auf der hohen Kante liegen ...' So haben die Leute geredet."

Seine Frau bestätigte das Geschwätz von damals, was die beiden aber nicht von davon abgehalten hatte, diese Verbindung miteinander einzugehen. Im Gegenteil: Es hatte sie angespornt, ihr Leben miteinander zu teilen.

Ich frage mich bei solchen Berichten mitunter, was wohl so manches Ehepaar zusammenhält? Das ist bei weitem nicht immer nur Liebe und Zuneigung. Manchmal ist es eine Zweckgemeinschaft oder man hatte heiraten müssen, weil ein Kind unterwegs war. In früheren Zeiten waren die Frauen finanziell oft noch sehr auf den Mann angewiesen.

Ach, wie viel heftigen Streit hatte ich schon erlebt bei alten Ehepaaren, die trotz allem zusammenblieben! Vielleicht ja gerade wegen der Herausforderungen?!

Hier, bei Erich und Mechthild, spürte ich trotz aller Schwierigkeiten und Unterschiede hintergründigen, leisen Respekt voreinander. Vielleicht sogar eine undefinierbare Form von Liebe. Liebe ist oft nicht greifbar, nicht zu erfassen. Sie ist, je länger Paare miteinander unterwegs sind, verwurzelt und begründet in den tausendfachen kleinen und großen gemeinsamen Erlebnissen, durchgestandenen Nöten, in Entscheidungen und Taten.

Liebe ist da. Manchmal ist sie versteckt, verschüttet, vergessen, verblasst. Und manchmal flammt sie ganz neu auf im Alter. Dann aber leuchtet sie besonders, die Liebe!

Tanz, Tod und Freunde

Verstehen kann man das Leben nur rückwärts, leben muss man es aber vorwärts.

(Sören Kierkegaard)

Elsbeth ist inzwischen eine geliebte Freundin von mir. Sie kommt zwei Mal im Jahr zu mir, wenn ihre Kinder Urlaub machen. Obwohl sie (fast) nicht sprechen kann, verstehen wir uns blendend. Sie sitzt überwiegend im Rollstuhl, weil sie einseitig gelähmt ist. Wenn ich sie an die Hand nehme, geht sie ein paar Schritte mit mir. Auch die Physiotherapeuten, Ergotherapeuten und die Logopädin mobilisieren sie, und immer macht sie gut mit. Elsbeth spricht mit ihren Augen und mit ihrer Mimik und strahlt dabei eine große Zufriedenheit aus. Und Liebe!

Elsbeth ist groß und kräftig gebaut, und ihre mütterliche Art ist sehr wohltuend. Manchmal habe ich das Gefühl, als würden wir uns schon immer kennen.

Das empfinde ich bei manchen Leuten so, die zu mir kommen. Es fühlt sich dann nicht so an, als sei ich ihre Betreuerin oder Pflegerin. Es fühlt sich eher an, als wäre eine langjährige Freundin oder ein Freund zu Gast und wir würden einander Gutes tun. Solche Leute sind für mich eine große Bereicherung und ich lerne unglaublich viel von ihnen.

Natürlich lerne ich auch von anderen Gästen. Nicht nur positive Dinge. Da treffe ich zum Beispiel alte – sehr alte – Menschen, die nicht im Entferntesten daran denken, dass sich der Tod in unmittelbarer Nähe aufhält. Da sind unzufriedene und latent nörgelnde alte Menschen, die in ihrem Inneren nie richtig aufgeräumt haben. Personen, bei denen im Laufe der Zeit Neid, Bitterkeit, Unversöhnlichkeit und Misstrauen immer mehr Raum im Herzen eingenommen haben. Raum, der keinen Platz mehr lässt für Güte, Liebe, Dankbarkeit und Freude. Das Wort „Tod" darf in der Gegenwart dieser Leute nicht einmal erwähnt werden.

Was haben diese Menschen im Leben gelernt? Das frage ich mich oft. Was haben sie in all den Jahrzehnten ihres Daseins gedacht und geglaubt? Wovon waren sie überzeugt?

Es macht mich jedes Mal betroffen, wenn ich mitbekomme, dass manche Alten nicht bereit sind, sich mit dem bevorstehenden Tod auseinanderzusetzen. Ich nehme die Hilflosigkeit und die Traurigkeit in ihren Gesichtszügen wahr, wenn ich mitbekomme, dass der nahe Tod verdrängt wird. Oft wird sogar das eigene Alter geleugnet.

„Ja, wenn ich dann mal alt werde ...", äußerte einst eine 90-Jährige.

Sind diese Leute einfach noch zu fit, um das Altsein zu realisieren? Oder ist es schlicht und einfach Ignoranz?

Der Tod ist eine absolute Größe im Leben. In jedem Leben! Als ich Anfang 20 war, hatte ich erlebt, wie eine sehr alte Dame laut schrie, weil sie nicht sterben wollte. Das war so schrecklich mit anzusehen, dass ich damals erstmalig ganz grundlegend darüber nachdenken musste, was es mit dem Tod auf sich hat. Jetzt. Für mich selbst.

Da gibt es in der Bibel einen Liedvers von David (Psalm 90, 12). Darin bittet er Gott, ihn zu lehren, dass er sein Ende bedenken möge. Nicht, damit sich eine Riesenangst vor dem Tod breitmacht oder er sich dem Thema philosophisch annähern könne. Nein, Davids Ansatz ist ein ganz anderer. Ganz schlicht sagt er: Damit ich weise werde in meinem Leben.

Das hat damals bei mir ziemlich eingeschlagen, als ich das las. Ich habe seitdem mit dem Wissen um meinen Tod gelebt. Mit dem Wissen – nein, in dem Bewusstsein –, dass das Leben endlich ist. Auf jeden Fall! Und dass der Tod nicht immer nur weit weg ist. Sondern, dass der Tod Bestandteil unseres Seins ist.

Das eigene Leben vom Ende her zu leben, macht das Leben so unendlich viel reicher und kostbarer! Hört sich vielleicht paradox an, ist es aber nicht. Ich lebe bewusster. Ich lebe dankbarer. Ich lebe sehend, lebe im Hier und Jetzt, obwohl ich weiß, dass ich sterben werde. Oder gerade deshalb?

Oft wünsche ich mir so sehr, dass gerade meine geliebten alten Menschen ihre Angst vor dem Tod ablegen und eine neue Sicht auf das Lebensende verinnerlichen könnten. Dass sie glauben könnten. Das wäre sicher eine große Chance, um bewusst mit der Wahrheit des Todes umgehen zu können. Dabei braucht man ja nicht einmal an den Tod zu *glauben*. Er ist ja Realität. In jedem Leben!

Aber *wem* glaube ich in der Frage, ob nach dem Tod noch etwas kommt? Dem Gott der Bibel? Jesus? Wenn David recht hat, dann ist es sehr sinnvoll, darüber nachzudenken, dass es von elementarer Bedeutung sein könnte, an einen Schöpfer zu glauben, der mir das Leben geschenkt hat. Denn dann darf ich die berechtigte Hoffnung haben, nach meinem Leben hier auf dieser Erde in Gottes neuer Realität weiterleben zu können. „Im Himmel!", wie das viele meiner alten Besucherinnen und Besucher nennen würden.

Elsbeth ist für mich so eine Frau, die der Realität ins Auge schaut und trotz der sehr harten Schicksalsschläge in ihrem Leben – Tod ihres Kindes, Tod ihrer Schwester und ihre eigene körperliche Hilflosigkeit – in den letzten Jahren nach vorne schaut, weiter liebt, weiter ihre Güte versprüht. Sie wirkt versöhnt mit sich, mit ihrem Schöpfer, mit ihrem Schicksal.

Manchmal, wenn ich singe, dann singt Elsbeth mit. Das Phänomen, dass beim Gesang die Sprache mobilisiert wird, fasziniert mich jedes Mal.

Einmal halte ich sie an der Hand, und wir sind auf dem Weg ins Bett. Als wir mit dem Rücken am Bett stehen, kommt mir ein lustiges Lied in den Sinn. Ich frage sie:

„Kannst du tanzen, Elsbeth?" Sie nickt eifrig und grinst. Ich beginne zu swingen und singe:

„Schwesterchen, komm tanz mit mir, beide Hände reich ich dir ..."

Wir können uns beide nicht mehr halten vor Lachen und plumpsen rücklings aufs Bett. So kostbare Momente!

Elsbeth hat drei Freundinnen, mit denen sie sich trifft. Das heißt, jetzt kommen diese Freundinnen zu ihr und sie halten miteinander Kaffeeklatsch. Herrlich! Ich darf das in meinem Haus ein paarmal miterleben.

„Weißt du noch damals, als wir uns zu siebt in Waldtrauts Käfer gequetscht haben ...? Weißt du noch ...?"

In einem Jahr war sogar eine ihrer Freundinnen gleichzeitig mit ihr hier zu Gast, weil auch sie Hilfe brauchte wegen beginnender Demenz. Auch das war eine besondere Zeit. Ich habe gestaunt, wie gut die zwei sich verstanden, einfach weil sie eine gewachsene Beziehung miteinander hatten. Überhaupt finde ich Freundschaften im Alter etwas ganz Kostbares. 50 Jahre lang gute Freunde zu haben, mit denen man telefoniert, sich zum Geburtstag besucht, einander das Herz ausschüttet und einfach so sein darf, wie man ist, ist sehr wertvoll. Freunde sind nicht mit Geld zu bezahlen!

Respekt

Solange es Leben gibt, gibt es auch Glück.

(Unbekannt)

Lieschen wurde am 12. Juli 1912 geboren. Als der Erste Weltkrieg begann, war sie zwei Jahre alt und 21, als der Zweite Weltkrieg anfing. Unvorstellbare, völlig andere Zeiten! Hätte ihr jemand im Alter von zehn Jahren gesagt, dass einmal jeder mit seinem eigenen kleinen Telefon in der Hosentasche herumlaufen würde, wenn sie fast 100 Jahre alt ist, hätte sie ihm einen Vogel gezeigt und gefragt, ob er noch alle Tassen im Schrank habe, von einer so wahnwitzigen Idee zu sprechen.

Als Lieschen ein junges Mädchen war, war das Hauptbeförderungsmittel immer noch das Pferd. Entweder vor eine Kutsche oder in der Landwirtschaft vor einen Pflug und andere landwirtschaftliche Geräte gespannt. Pferd und Kuh waren die „Motoren" der damaligen Zeit.

Lieschen war eine mittelgroße, schlanke Frau, deren kräftiger Händedruck – selbst noch im hohen Alter – etwas schmerzhaft war, und sie war ein Original. Sie „schwätzte" nur Dialekt und lebte noch mal ein bisschen auf, als sie zu mir ins Haus kam. Jetzt war den ganzen Tag jemand bei ihr, und Lieschen erzählte aus ihrer Kindheit und Jugend und aus ihrer Ehezeit mit Willi. Im Gegensatz zu ihrer Schwester Ida hatte sie in jungen Jahren am liebsten im Stall und auf dem Acker gearbeitet. Ida hatte genäht, was sie sehr gut konnte, und hatte den Haushalt gemacht. Ida heiratete zuerst und zog aus dem Elternhaus aus. Als Lieschen 27 war, heiratete sie ihren Willi, aber Kinder bekamen sie keine und sie blieb auf dem elterlichen Hof. Selbst im hohen Alter erinnerte sie sich an Details aus dieser Zeit. Einmal erzählte sie, wie sie mit ihrem Willi die Feldarbeit gemacht hatte.

„Willi hat es nicht so mit dem Viehzeug gehabt", fing sie an, „und mit der Landwirtschaft auch nicht. Ich habe den Wagen vorbereitet und die Kühe angespannt. Aber ich konnte ja nicht auf dem Kutschbock sitzen. Was hätten denn die Leute denken sollen, wenn *ich* da oben sitze und nicht mein Willi?! Dann habe ich mich hinten auf den

Wagen gesetzt und von dort aus gesteuert oder bin nebenher gelaufen und habe die Kühe geleitet."

Als junge Frau war Lieschen sommers wie winters durch
drei Dörfer über Berg und Tal gelaufen, um in einer Zigar-
renfabrik zu arbeiten – sechs Kilometer, jeweils morgens
und abends. In den Zigarrenfabriken, von denen es einige
in dieser Gegend gab, arbeiteten überwiegend Frauen. Lieschen erzählte davon:

„Da war die Zwiesels Erna, die war unglaublich schnell,
aber sie war ein „Schlappmaul" (wie man in Hessen so sagt)
und erzählte gern schmutzige Witze. Aber wenn ich dann
kam, hörte sie auf damit."

Lieschen hob das Kinn, zog die Stirne kraus und schaute
mich vielsagend an.

Lieschen trug noch mit 98 Jahren die aufwendige mittel-
hessische Tracht mit allem, was dazugehörte – inklusive
der kunstvollen Frisur, einer Art Dutt, der in ihrem Dialekt „Schnatz" genannt wird. Dazu wurden oben auf dem
Kopf zunächst die Haare mit einem langen Band zusam-
mengebunden, in zwei Teile geteilt und jeweils mit der
Hälfte des Bandes verflochten. Die beiden Zöpfe legte man
entgegengesetzt von oben wie eine Krone umeinander. Das
Ganze wurde mit Haarnadeln fixiert. Vor dem Schlafenge-
hen wurde nur die Haarkrone gelöst, die Zöpfe konnten
bleiben.

Auch die Trachtenkleidung war speziell und kompliziert

anzuziehen: Ein Leinenhemd, ein Leibchen mit einem Wulst in Hüfthöhe, auf dem die Röcke lagen, eine lange Unterhose und dann ein weißer Unterrock und darüber der Rock mit seinen vielen kleinen Falten. Je nachdem, aus welchem Wollstoff der Rock genäht war, lag eine schwere Stofflast auf dem Hüftwulst des Leibchens. Über den Rock wurde noch eine Schürze gebunden, die ein kleines bisschen kürzer als der Rock war. Es gab die Alltagstracht, die Sonntagstracht und die Tracht für besondere Anlässe wie Hochzeit und Taufe. Auch gab es verschiedene Tücher, die je nach Anlass um den Hals gelegt und in den Rock gesteckt wurden. Diese waren detailreich verziert mit Pailletten, Borten, Litzen und Spitzen – je nachdem, was man beim Händler bekam, wie dick der Geldbeutel oder wie geschickt die Näherin war.

Seit Willis Tod vor 30 Jahren lebte Lieschen ganz allein in ihrem Haus. Der ambulante Pflegedienst kam zu ihr, weil sie nichts mehr allein verrichten konnte, und immer, wenn die Pflegerin sie versorgt hatte und gehen wollte, flehte Lieschen:

„Bleib doch noch! Wieso musst du denn schon gehen?"

Ihr Neffe Eckhard, der sich um sie kümmerte, war berufstätig und konnte nur hin und wieder bei ihr sein. Von einer Nachbarin bekam sie das Mittagessen. Aber inzwischen hatte sie Angst, allein zu sein.

Alleinsein kann unerträglich werden, vor allem wenn die

Kräfte von Woche zu Woche schwinden. Ich bot ihrem Neffen an, sie bis zu ihrem letzten Atemzug an meinem privaten Pflegeplatz zu versorgen. Lange würde Lieschen wohl nicht mehr leben, so hinfällig wie sie geworden war. Eckhard nahm das Angebot dankbar an. Lieschen war zwar sehr vergesslich und manchmal auch desorientiert, aber es machte Spaß, sich mit ihr zu unterhalten. Obwohl sie altersbedingt langsam und kraftloser geworden war, spürte ich immer wieder ihr spritziges Temperament aufblitzen, wenn sie aus ihrem Leben berichtete. Auch ihre funkelnden Blicke, ihr „Schalk in den Augen", ließen ahnen, wie lebhaft sie gewesen war.

Lieschen betete oft ihren Spruch, den sie als Konfirmandin bekommen hatte. Ihre Version war ein bisschen anders, als er in der Bibel steht: Also hat Gott die Welt geliebt, dass er seinen eingeborenen Sohn gab, damit alle, die an ihn glauben in Ruhe und Frieden sterben können …

Als sie gestorben war, kam der Bestatter, der auch als Schreiner in ihrem Geburtsort arbeitete. Der erzählte mir eine Begebenheit, die er selbst einmal mit Lieschen erlebt hatte. In ihrem Haus hatte er eine neue Tür eingesetzt und als er fertig war mit seiner Arbeit, begutachtete sie sein Werk.

„Das hast du nicht ordentlich gemacht", rügte sie ihn. Und als er erstaunt fragte, was denn falsch sei, antwortete sie.

„Die Tür sitzt nicht gerade." Er konnte es nicht glauben.

Aber sie holte eine Wasserwaage und kontrollierte. Tatsächlich war die Tür ein klein wenig schief, was sie mit bloßem Auge bemerkt hatte.

Lieschen, die Unverwüstliche. Jahrelang trank sie höchstens zwei Tassen Flüssigkeit am Tag, und es ist mir ein großes Rätsel, dass sie trotzdem so alt werden konnte!

Heinrich und Karl

Auch aus den Steinen, die dir in den Weg gelegt werden,
kannst du etwas Schönes bauen.

(Johann Wolfgang von Goethe)

Heinrich wurde am 4. September 2013 von seiner Schwiegertochter Bärbel gebracht, die mit ihm auf seinem Bauernhof lebte. Ein Jahr vorher hatte er seinen Sohn Edgar durch einen Unfall verloren. Zu diesem Zeitpunkt war Heinrich schon seit fünf Jahren verwitwet. Die drei Enkelkinder waren bereits ausgezogen, sodass er mit seiner Schwiegertochter nun allein auf dem großen Hof wohnte.

Sie trösteten sich gegenseitig. Schon vorher, während Edgar im Krankenhaus lag, ermutigten sie einander und versuchten, sich gegenseitig in ihrer Traurigkeit und ihrem Schmerz aufzurichten.

Bärbel erklärte mir, was Heinrich an Hilfe brauchte, und zeigte mir, was sie für ihn mitgenommen hatte: „Ich habe hier auch die ‚Mundorgel' und seine Mundharmonika eingepackt. Vielleicht mag er musizieren." Bärbel redete und redete, bevor sie sich nach den vielen Anweisungen endlich von ihrem Schwiegervater verabschiedete. Wie etliche Angehörige, die zum ersten Mal an meinen privaten Pflegeplatz kommen, fühlte auch sie sich unsicher und kam mit bangem Herzen und vielen Fragen. Nicht selten gehen die Angehörigen bedrückt oder gar weinend weg, weil sie ihren geliebten alten Menschen jemandem überlassen, den sie zu diesem Zeitpunkt noch kaum kennen.

Und jedes Mal kehren sie nach der Auszeit zurück und sind erstaunt, wie gut es Mutter oder Vater geht. Die meisten kommen von da an häufig, weil sie merken: Dieser Aufenthalt im Pflegehaus ist wie Urlaub für die Alten. Viele freuen sich sogar auf die Zeit bei mir.

Heinrich sollte drei Wochen zur Pflege bei mir bleiben. Er brachte auch seine „Aufzeichnungen" mit. So nannte er einige Erlebnisse aus seinem langen Leben, die er in einem einfachen Schulheft als Erinnerungshilfe aufgeschrieben hatte. Krieg und französische Gefangenschaft hatten ihm arg zugesetzt. Aber die schlimmen Zeiten hatten ihn als 19-Jährigen auch einiges gelehrt.

Selten habe ich einen so weisen und gütigen Menschen kennengelernt, der selbst im hohen Alter und nach schweren Schicksalsschlägen so zuvorkommend und sehr dankbar war.

Heinrich hatte zwar keine typischen Alterskrankheiten, aber seine Schussverletzungen am linken Oberschenkel aus dem Zweiten Weltkrieg schränkten ihn zeitweise ein. Ansonsten war er mit seinen 89 Jahren gebrechlich geworden und brauchte Hilfestellung bei der Morgentoilette, beim Laufen und alltäglichen Verrichtungen.

Zur selben Zeit, in der Heinrich da war, kam auch Karl zur Betreuung, der gesundheitlich viel schlechter dran war als Heinrich. Er saß im Rollstuhl, hatte Diabetes und Parkinson. Karl war ein ausgesprochen heiterer Mensch, voll Witz und guter Laune. Und das, obwohl es ihm mitunter richtig schlecht ging und ihn Schmerzen plagten. Beide Herren waren geistig gesund und konnten sich unterhalten. Sie hatten Spaß miteinander und erzählten sich aus ihrem Leben, entdeckten gemeinsame Bekannte aus der Vergangenheit und wussten Anekdoten aus der Region zu erzählen.

Ich höre diese alten Geschichten unglaublich gerne und bin immer sehr gespannt, was jeder so erlebt hat.

Eines Abends bereitete ich gerade das Abendessen vor, als ich Heinrich sagen hörte:

„Ich hole jetzt meine Mundharmonika raus. Mal sehen, was ich noch kann."

„Ja, mach das", ermutigte ihn Karl. „Ich habe lange im Chor gesungen. Mundharmonika habe ich allerdings nicht gespielt."

Umständlich kramte Heinrich sein Instrument aus der Hülle. Ich hielt ein Auge auf ihn und war bereit zu helfen, wenn er nicht zurechtkam.

Oft bitten die alten Leute nicht um Hilfe. Lieber quälen sie sich so lange, bis es ihnen mehr oder weniger selbst gelingt. Ich muss dann abschätzen, ob und wann ich meine Hilfe anbieten soll.

Aber Heinrich traf die Vorbereitung für das Musizieren allein und blätterte in seiner ‚Mundorgel'.

„Ich spiele erst einmal irgendwas zum Einstimmen. So lange habe ich nicht mehr gespielt. Ich weiß nicht, ob es überhaupt noch klappt." Heinrich zierte sich nicht, aber er war unsicher.

„Ein Abendlied. Damit fange ich mal an", sagte er und setzte die Mundharmonika an seine Lippen. Ein wenig zitterten seine alten Hände, als er anfing zu spielen. Er spielte ein paar Strophen ‚Der Mond ist aufgegangen', und es klang gut. Dann spielte er ‚Abend wird es wieder' und ‚Im Märzen der Bauer'. Die Töne wurden sicherer und das Zittern der Hände hörte auf. Nachdem die ersten Lieder recht gut geklappt hatten, blätterte er weiter in seiner „Mundorgel".

„Ah, das habe ich doch immer gespielt: ‚Im schönsten Wiesengrunde'. Das versuche ich jetzt mal."

Während ich in der angrenzenden Küche das Abendessen zubereitete, hörte ich sehr interessiert zu, wie Heinrich musizierte. Ich erinnerte mich, dass mein eigener Vater Mundharmonika gespielt hatte und ich das als Kind sehr geliebt hatte und fasziniert war, wie sicher und klangvoll er damals das Instrument spielte. In meiner kindlichen Auffassung hatte ich geglaubt, Papa würde alle Töne gleichzeitig spielen, die auf der einen Seite der Mundharmonika waren. Als ich jetzt Heinrich zuhörte, war die Erinnerung an meinen Vater und an sein Mundharmonika-Spiel spürbar nah. Und es rührte mich. Zwischendurch hielt ich inne in meiner Arbeit und lauschte. Plötzlich hielt ich die Luft an und Gänsehaut überlief mich. Heinrich spielte ‚Am Brunnen vor dem Tore' – und Karl stimmte ein und sang mit einer wunderbaren, sicheren Tenorstimme alle Strophen mit.

Ich stand da mit Tränen in den Augen. Ein unbeschreibliches Gefühl von Erhabenheit und Glück erfüllte mich! Diese beiden alten, gebrechlichen Herren sangen und spielten in *meinem* Haus. Sie harmonierten, als musizierten sie schon jahrzehntelang miteinander. Und ihrer beider Augen leuchteten.

Eine Darbietung von ganz besonderer Größe und Güte. Und das einfach so. Die beiden Männer sangen und spielten anschließend ein Lied nach dem anderen und hörten erst auf, als das Abendessen angekündigt wurde.

Ich ging zu ihnen, verbeugte mich tief vor den beiden und sagte:

„Das war unglaublich! Ich danke aufs Herzlichste für dieses wunderbare Konzert. Ich fühle mich geehrt, euch zu erleben!"

Die alten Herren strahlten und bedankten sich. Es war nicht das letzte Mal, dass sie spielten und sangen. Jedes Mal war es ein Genuss.

Bärbel kam nach den drei Wochen wieder, um Heinrich abzuholen. Ihre Unsicherheit und ihr Bangen waren wie weggeblasen, als sie ihren Schwiegervater sah.

„Heinrich, du siehst gut erholt aus. Ich bin sprachlos. Hat es dir gefallen hier?"

Heinrich lächelte sie an:

„Das kannst du glauben! Karl ist auch hier, der alte Sänger vor dem Herrn. Beim nächsten Mal nehme ich die Mundharmonika wieder mit."

Dann fügte er noch an: „Und das Essen war erste Klasse."

VERLORENES LEBEN

Wo die Freude fehlt

Jesus sagt: Kommt her zu mir, alle, die ihr mühselig und
beladen seid; ich will euch erquicken.

(Matthäus 11,28; Luther)

Sybille war erst 59, als ich sie kennenlernte. Seit über
20 Jahren litt Sybille an Multipler Sklerose und saß schon
lange im Rollstuhl. Ihr Leben schien äußerlich in Ordnung.
Sie bewohnte mit ihrem Mann Herbert ein großes, geräu-
miges und schönes Haus, das für Sybille so hergerichtet
war, dass sie mit dem elektrischen Rollstuhl umherfahren
konnte. Auch die Lage war schön, und es gab einen großen Garten mit Grillplatz und einen sehr gepflegten Rasen
dabei. Sybille konnte dank Herbert, der mit seinem hand-
werklichen Geschick alles rollstuhlgerecht angelegt hatte,
immer noch Einkäufe erledigen, wenn es ihr einigermaßen
gut ging.

Herbert kümmerte sich um sie, bevor er zur Arbeit ging und hatte jemanden organisiert, der Sybille während des Tages versorgte. Am Abend und am Wochenende war er wieder allein für seine Frau zuständig. Ihrer beider Leben schien optimal geordnet und geregelt und auf Sybilles Krankheit angepasst. Das Paar hatte keine Kinder.

Aber sie hatten auch keine Freunde und mit den Nachbarn verstanden sie sich ebenfalls nicht. Herberts soziale Beziehungen beschränkten sich auf seine Arbeitskollegen.

Zu Hause waren die zwei nur für sich. Herbert hatte weder einen Bezug zu seinem einzigen Bruder noch zu seiner Mutter.

Im Jahr 2014 wurde bei Herbert Krebs diagnostiziert. Geschockt und irritiert über diese Nachricht vertraute er sich seinem jüngeren Bruder Thomas an. Sybille sagte er zunächst nichts davon. Aber die Sache war schlimmer, als er erwartet hatte, und irgendwann blieb ihm nichts anderes übrig, als mit ihr darüber zu reden. Sybille war nicht nur geschockt und resigniert, sie wurde wütend und beschuldigte ihn:

„Du führst einen ungesunden Lebensstil. Du trinkst zu viel und rauchst zu viel. Immer schon habe ich es dir gesagt. Und jetzt? Was soll aus *mir* denn werden, wenn du so krank bist?"

„Aus dir?" Herbert schaute sie entgeistert an. „Aus dir?",

wiederholte er fassungslos. „Niemand weiß, was aus dir wird. Die Frage ist jetzt erst mal: Was wird aus *mir*?"

„Du bist ein abscheulicher Egozentriker", schrie Sybille ihn an. Herbert sagte nichts.

Von da an saß er noch mehr in seinem Hobbykeller, hörte Musik und trank ein Bier nach dem anderen, während Sybille im Bett lag und Fernsehen schaute.

Nachdem Herbert sich mit seiner Krebsdiagnose seinem Bruder Thomas anvertraut hatte, begann eine neue Beziehung zwischen den beiden Brüdern und Thomas' Frau Beate.

Beate war die Güte in Person. Sie hatte sich schon lange vergeblich bemüht, eine Beziehung zu Sybille aufzubauen. Sie wünschte sich sehr und betete dafür, dass Sybille eine Begegnung mit Jesus erleben würde, die ihre Seele heilen würde. Aber immer wurden Beates Bemühungen abgeblockt und die angebotene Hilfe abgewiesen.

Selbst ein Konzert, das Beate für Sybille ausfindig gemacht hatte, damit sie ein wenig am gesellschaftlichen Leben teilnehmen konnte, lehnte diese ab. Der Besuch dort wäre auch mit Rollstuhl durchführbar gewesen, aber Sybille weigerte sich grundsätzlich, wohlgemeinte Angebote und fremde Hilfe anzunehmen. Oft musste Herbert neue Personen finden, die im Haushalt helfen sollten, denn seine Frau vergraulte die Helfer nach kurzer Einarbeitungszeit.

Sybille wollte auch mit ihrer Verwandtschaft nichts zu tun haben. Irgendwo in der Welt hatte sie einen Bruder, aber der existierte für sie nicht. Sie war unempfänglich für

Freundlichkeiten jeder Art. Verbittert und vergrämt blieb sie lieber für sich und wollte nur Hilfe von ihrem Ehemann. Doch jetzt gab es ein großes Problem.

Als Herbert zum ersten Mal ins Krankenhaus musste, blieb Sybille nichts anderes übrig, als ganzheitliche Hilfe anzunehmen. Der ambulante Pflegedienst, der inzwischen zweimal täglich kam, konnte nur den pflegerischen Teil abdecken. Für alles andere brauchte es mehr Helfer.

Eines Morgens fand Beate ihre Schwägerin Sybille vor ihrem Bett liegend vor und erschrak furchtbar.

„Meine Liebe! So kann es nicht weitergehen. Ich muss jemanden holen, der mir hilft, dich aufzuheben!"

„Niemanden holst du", jammerte Sybille. „Ich will keinen hier haben."

„Ich muss den Rettungsdienst holen, ich kann dich beim besten Willen nicht allein aufheben, Sybille."

Der Rettungsdienst kam und kümmerte sich um sie.

„Wohin soll sie gebracht werden?", fragten die Assistenten.

Sybille zitterte inzwischen so sehr, dass sie nicht einmal sprechen konnte. Beate antwortete:

„Am besten erst einmal zum Arzt zur Untersuchung. Hoffentlich hat sie sich nicht ernsthaft verletzt."

Willenlos ließ Sybille jetzt alles über sich ergehen. Zum Glück war der Sturz noch einmal glimpflich abgegangen; sie hatte nur ein paar Prellungen. Nach dem Arztbesuch sagte Beate:

„Sybille, du musst jetzt erst einmal in eine Einrichtung. Am besten fahren wir gleich dorthin."

„Was für eine Einrichtung?", fragte Sybille misstrauisch.

„Wir müssen nachfragen, ob in irgendeinem Altenheim kurzfristig ein Platz für dich ist."

„Ich will nicht in ein Altenheim", wehrte sich Sybille vehement, während Beate fieberhaft recherchierte, wo ihre Schwägerin kurzfristig unterkommen könnte.

Die Sanitäter wurden langsam ungeduldig.

„Und wo soll Frau Berthold jetzt hin, bitteschön?"

„Fahren Sie ins Seniorenheim ‚Evergreen'. Da ist ein Platz frei", sagte Beate, gleich nachdem sie den Hörer aufgelegt hatte.

Sybille schmollte zwar, aber sie musste einsehen, dass es keine andere Möglichkeit gab. Ihr Mann lag im Krankenhaus und sie selbst musste versorgt werden, da sie dazu selbst nicht in der Lage war.

Als sie im ‚Evergreen' ankamen, saß eine ältere Frau im Flur und weinte. Sie hatte den linken Arm in einer Schiene fixiert und sollte ebenfalls dort untergebracht werden. Die alte Frau redete auf ihre Tochter ein, als Sybille gerade in die Eingangshalle geschoben wurde.

„Ich will hier nicht bleiben. Nimm mich wieder mit nach Hause", jammerte sie ein ums andere Mal.

„Ich auch nicht", posaunte Sybille ihren Unwillen hinaus.

Beate stand ratlos neben den Sanitätern.

Sie suchte eine Ansprechpartnerin aus der Verwaltung und traf die Heimleiterin auf der Treppe.

„Niemand hat mich über Ihre Anfrage informiert!", bellte diese Beate an. „Wir sind hier mehr als belegt momentan. Tut mir leid!" Sie drehte sich auf dem Absatz um und verschwand.

Beate sank der Mut. Entgegen anderslautender Aussagen am Telefon war doch kein Platz im ‚Evergreen' und auch kein Einsehen von Sybilles Seite. Beate setzte sich auf einen der Stühle im Foyer und versuchte, ihre Gedanken zu sortieren. Im Hintergrund hörte sie die alte Frau weinen.

Dann ging sie hinüber zu Sybille und sagte:

„Es gibt noch eine winzige Hoffnung. Ich kenne da eine Frau, Hanne heißt sie. Sie pflegt privat Leute in ihrem eigenen Zuhause. Die rufe ich jetzt noch an."

„Meinetwegen", stöhnte Sybille.

Ich stimmte zögernd zu, als Beate mich anrief. Mir war klar: Ich würde einen schwierigen Gast bekommen, aber es war ein Notfall. Ich wagte es, mag ich doch Herausforderungen in jeder Form.

Sybille war gerade einen Tag da, als erneut eine Anfrage kam. Dieses Mal ging es um eine alte Frau, die den Arm gebrochen hatte und todunglücklich war im Seniorenheim. Die Tochter rief an:

„Meine Mutter weint immerzu, sie isst nichts und schläft nicht. Ich kann sie hier nicht lassen."

Auch diesen Notfall nahm ich an.

Als Maria gebracht wurde und ich die beiden einander vorstellen wollte, war das Erstaunen groß. Es war Maria gewesen, die im ‚Evergreen' im Foyer geweint hatte.

Maria war nicht nur erleichtert über diesen privaten Pflegeplatz, sie lebte sichtlich auf und war sehr glücklich über die Alternative. Sie strahlte richtig und steckte sogar Sybille an mit ihrer Freude.

Da Adventszeit war, begann ich, die Wohnung weihnachtlich zu schmücken. Die beiden Frauen halfen mit ihren Ideen und Vorschlägen.

„Wir könnten doch Plätzchen backen", schlug Maria vor und schwärmte:

„Du liebe Zeit! Was habe ich früher immer eine Menge Plätzchen gebacken! Dann kamen meine Enkel, und wir haben jedes Jahr viele verschiedene Sorten gezaubert: Vanillekipferl, Makronen, Zimtsterne, Nougatkipferl, Spritzgebäck, Sandgebäck, Spekulatius, Pfeffernüsse ..." Die Aufzählung schien endlos. Marias Augen leuchteten begeistert.

„Die habe ich dann verschenkt. Für mich selbst brauchte ich ja nicht so viele." Sybille sagte bedauernd:

„Ich habe vor ewigen Zeiten mal Plätzchen gebacken. Da war ich noch ein Kind." Die Erinnerung daran schien sie traurig zu stimmen.

„Ich war eigentlich nur dabei und habe zugeguckt", ergänzte sie.

„Warum hast du nicht auch gebacken? Kindern macht das doch besonders viel Spaß", fragte Maria sie.

„Ach", seufzte Sybille. „Dann wäre alles dreckig geworden und die Plätzchen wären auch nicht so geworden, wie Mama sie haben wollte."

„Ach, wie schade!", kommentierte Maria.

Ich bereitete Plätzchenteig vor und zündete ein paar Kerzen an. Bei unserer Backaktion sollte es gemütlich sein. Dann rollte ich den Teig auf dem großen Tisch im Wintergarten aus und kramte die Ausstechformen hervor.

„Ich will erst noch Weihnachtslieder anstellen oder wollen wir selbst was singen?" Ich schaute meine „special guests" an und fragte mich, wie es wohl klingen würde, wenn wir miteinander singen würden. Beide sagten gleichzeitig:

„Ich kann nicht singen."

„Okay, dann leg ich Musik auf."

„Oh ja, mach das", freute sich Maria. „Dann haben wir die richtige Weihnachtsstimmung."

Maria konnte natürlich nur mit einem Arm mithelfen. Aber sie war erfinderisch und sagte: „Ich steche die Formen aus und ihr nehmt sie ab und legt sie aufs Blech." So machten wir es. Ich warnte scherzhaft:

„Und es wird nicht genascht!" Maria meinte:

„Natürlich nicht! So was käme uns doch nie in den Sinn!" Dabei zwinkerte sie Sybille zu, und diese bestätigte lachend:

„Nein, *wir* doch nicht!"

Ich ging in die Küche, um in den Ofen zu schauen, wie weit die Plätzchen waren. Auf einmal hörte ich Gekicher und Geflüster. Als ich zurückkam, schauten die beiden mit mühsam unterdrücktem Lachen auf ihren Platz und taten so, als würden sie eifrig weiterarbeiten.

„Na?", ich schaute amüsiert von einer zur anderen. „Schmeckt es euch?"

Der ganze Nachmittag war gefüllt mit Lachen, kreativem Gestalten und mächtig vielen Plätzchen. Erstaunt bemerkte ich, wie Sybille völlig entspannt und beinahe glücklich wirkte. Richtiggehend schön war sie in diesem Zustand! Ihre Augen leuchteten verhalten und das ebenmäßige Gesicht deutete eine bemerkenswerte Schönheit an. Aber die Schönheit war verschüttet unter Gram und Verbitterung.

Verachtung, Traurigkeit und Resignation hatten ihr verzerrte Züge beschert und ihre ursprüngliche Schönheit verschwinden lassen. Und doch spürte ich in ihrem Blick eine Sehnsucht nach Frieden, nach einem Leben, das sie nicht gelebt hatte, vielleicht nicht einmal kannte.

Einen Tag nach unserer Plätzchen-Backaktion klingelte es an der Haustür. Beate stand davor und sie brachte Herbert mit, der früher entlassen worden war, als sie es erwartet hatten. Sie wollten Sybille mit seinem Besuch überraschen, weshalb sie nicht zuerst nach Hause, sondern zu mir gefahren waren.

Sybille konnte es nicht fassen, dass Herbert schon entlassen worden war und war außer sich. Sie lachte und weinte gleichzeitig und wusste ganz offensichtlich nicht, wie sie mit dieser Überraschung umgehen sollte. Sie hatte wohl mit allem gerechnet, aber nicht, dass Herbert so schnell wieder da sein würde.

War es Freude? War es Entsetzen? War es Hilflosigkeit? Herbert selbst ging es ähnlich.

„Ich habe hier deine Lieblingswurst mitgebracht." Er reichte seiner Frau eine rote Hausmacher Wurst.

„O, das ist gut, die können wir ja gleich essen", erwiderte Sybille und sah mich dabei fragend an.

Ich reagierte schnell:

„Eine sehr gute Idee! Wir essen gemeinsam zu Abend hier."

„Das freut mich", sagte Beate, half Herbert aus dem Mantel und hängte ihn an die Garderobe. Wahrscheinlich erlebte Herbert seit sehr, sehr langer Zeit eine wohltuende, entspannte Tischgemeinschaft und es schmeckte ihm offensichtlich. Als ich ihn fragte, wann er die nächste Behandlung hätte, sagte er:

„Ich muss nächste Woche schon wieder zur Chemotherapie."

Er überlegte einen Moment und meinte dann:

„Ich könnte doch auch hierbleiben, bis ich die nächste Behandlung bekomme."

Ganz kurz dachte ich: *Ob das so eine gute Idee ist?*

Die Entscheidung wurde mir aber abgenommen, da Herbert zu Hause in den verbleibenden Tagen zwischen seinen Chemo-Behandlungen einiges zu erledigen hatte. In der Zeit, die er im Krankenhaus verbracht hatte, war bei ihm zu Hause Arbeit liegengeblieben, die er in der Zwischenzeit angehen wollte.

Es war eine sehr besondere Zeit, in der ich Pflegerin, Ermutigerin, Beichtmutter, Nachtschwester, Freundin und Vertraute für diese beiden Frauen wurde. Auch untereinander schlossen Sybille und Maria Freundschaft. Wieder einmal erlebte ich, wie wertvoll und sinnstiftend meine Tätigkeit war.

Da waren stundenlange und tränenreiche Nachtgespräche mit Sybille über ihre unbewältigte Vergangenheit und ihre tragische Gegenwart. Eine dunkle Ahnung, dass es mit ihr nicht gut weitergehen bzw. schlimm enden würde, hing stets wie ein Damoklesschwert über ihr.

Auch Maria erzählte viel aus ihrem Leben. Sie kam aus einer großen Familie und hatte selbst vier Kinder, mit denen sie sich gut verstand und die sich um ihre Mutter kümmerten.

Es fiel Maria nicht leicht, wieder nach Hause zu fahren, als die Zeit vorbei war. Und das, obwohl sie noch eine zusätzliche Woche in meinem Haus drangehängt hatte.

Sybille kam wieder nach Hause, als Herbert zum zweiten Mal aus dem Krankenhaus entlassen wurde. Es konnte ihm dort nur begrenzt geholfen werden, aber immerhin durfte er nach Hause. Die Chemotherapie sollte fortan ambulant erfolgen. Beate organisierte einen Pflegedienst, der nun rund um die Uhr im Hause war. Das funktionierte zwar, aber Sybille war das alles nicht recht, was die Betreuer auch zu spüren bekamen.

Nach einem harten Jahr starb Herbert, und Sybilles Zustand hatte sich in dieser Zeit sehr verschlechtert. Sie hatte große offene Wunden, die nicht mehr heilten, schmerzhafte Kontrakturen und immer wieder Luftnot. So musste sie jetzt endgültig in ein Pflegeheim.

Obwohl Beate sich voll zugewandter Liebe fürsorglich um ihre Schwägerin kümmerte, starb Sybille verbittert und lehnte Gebet und geistlichen Beistand bis zuletzt ab.

Während der einsamen Beisetzung in einem Friedwald sagte Beate zu mir:

„Die Zeit bei dir war wahrscheinlich ein kurzer, heller Lichtstrahl in ihrem Leben. Niemals habe ich sie vorher und nachher so entspannt und fröhlich erlebt wie in den Wochen, als sie bei dir war. Ich weiß nicht viel aus ihrem Leben. Aber ihre Kindheit war geprägt von Macht und Misstrauen und ihr Eheleben extrem einsam."

Manchmal bedauere ich, dass ich Menschen nur ein paar Wochen begleiten kann – Menschen, die eine schwere Lebenslast tragen. Lasten, die sie als Kind oder sogar schon im Mutterleib auferlegt bekamen: Ablehnung, Lieblosigkeit und die Bürde des bloßen Daseins. Dazu kommen Lasten, die sie sich selbst aufladen, wie Schuld und Schuldzuweisungen, Unversöhnlichkeit und Hass.

Es tröstet mich ein wenig, dass ich den Menschen wenigstens in der kurzen Zeit ihres Aufenthaltes ein wenig Freude schenken und Hoffnung vermitteln darf. Ich kann ihnen mit Freundlichkeit begegnen, Sorgen aufgreifen und durch Hinhören und Zuwendung den gebeugten Menschen Würde geben, um sie innerlich ein wenig aufzurichten. Dass ich genau dafür Zeit habe in meinem privaten Unternehmen, macht mich immer wieder glücklich.

Erfrorene Füße

Versag keine Wohltat dem, der sie braucht, wenn es in
deiner Hand liegt, Gutes zu tun.

(Sprüche 3,27; Einheitsübersetzung)

Ein Erlebnis, das ich während der Zeit hatte, als ich noch in der ambulanten Pflege arbeitete, war für mich wie eine Ahnung aus Kriegszeiten, beziehungsweise aus den „alten Zeiten" mit bitterer Armut, Hunger und Flucht, von denen betagte Menschen oft erzählen.

Der Hausarzt von Frau Küfert hatte beim ambulanten Pflegedienst angerufen und gebeten, dass wir bei ihr einen Verbandwechsel durchführen sollten. So fuhr ich zu dem Mietshaus und stieg in den vierten Stock. Die Wohnungstür war nicht verschlossen, und ich trat in eine verrauchte Dachwohnung.

„Hallo", rief ich vorsichtig. Es kam keine Antwort. Also ging ich weiter durch den kleinen Flur in die Küche.

„Hallo? Frau Küfert?"

Ich klopfte an die nächste Tür, die nur angelehnt war, da ich nicht wusste, ob außer der Frau noch andere Leute da waren. Es war sehr dämmrig in der ganzen Wohnung, aber im nächsten Zimmer sah ich fast gar nichts mehr. Ich öffnete die angelehnte Tür und spähte hinein. Ein fahler Lichtstrahl aus einem winzigen Fenster und dichter Rauch erfüllten das Zimmer.

Ich dachte im ersten Moment, der Rauch käme aus dem Ofen in der Ecke. Aber es war Zigarettenrauch. Als meine Augen sich an den Nebel gewöhnt hatten, rief ich noch einmal nach der Frau. Ganz hinten, direkt unter der Schräge lag zwischen Bergen von Bettdecken eine kleine, dünne, alte Frau und rauchte. Ein vor Zigarettenstummeln überquellender Unterteller diente als Aschenbecher auf einem Stuhl am Bett.

„Guten Morgen. Sind Sie Frau Küfert?" Ich begrüßte die Frau im Bett und reichte ihr die Hand. Sie erhob sich und schaute mich misstrauisch an.

„Wie? Wer bist du?", fragte sie laut und ein zahnloser Mund kam zum Vorschein.

Sie hörte offensichtlich schlecht, denn sie wandte ihr Ohr in meine Richtung. Ohne die Zigarette abzulegen, versuchte sie, sich hinzusetzen. Ich hielt die Luft an und dachte: *Es kann nicht mehr lange dauern, bis die Feuerwehr hier einen Einsatz haben wird.*

„Ich bin Schwester Hanne. Der Arzt hat gesagt, ich soll Ihren Fuß verbinden."

Ich sprach laut genug und schaute sie dabei an. Automatisch streckte Frau Küfert ihre Füße unter der Decke hervor.

„Bitte legen Sie doch erst die Zigarette ab."

Ich reichte ihr den improvisierten Aschenbecher. Die alte Frau drückte den Stummel aus und setzte sich im Bett auf.

Selten hatte ich solche Hände gesehen. Die Nägel hatten wohl lange keine Schere mehr gesehen, Zeigefinger und Mittelfinger waren vom Zigarettentabak so braun, als seien sie mit Farbe angestrichen. Ähnlich braun war die ganze Bettwäsche.

Ich besah mir erst einmal den Verband.

„Wann hat der Arzt den Fuß das letzte Mal verbunden?", fragte ich Frau Küfert.

„Der Arzt war nicht hier", erwiderte die Frau erstaunt.

„Und wer hat den Verband gemacht?"

Frau Küfert zuckte mit den Schultern.

„Niemand!", sagte sie.

Okay, dachte ich, *niemand hat den Verband gemacht ...* Der Arzt hatte nicht erwähnt, dass Frau Küfert Demenz hat. Oder doch?

Zunächst sah ich mich nach einem Mülleimer um und fand ihn übervoll in einer Ecke. Dann suchte ich Verbandsmaterial und fand ein einziges Stück sterile Kompresse und eine angebrochene Mullbinde im Küchenschrank. Kein Pflaster, nichts zum Reinigen, keine Salbe. Wie so oft in der häuslichen Pflege war besonders jetzt Improvisieren angesagt. Die schmutzige Umgebung, eine Wunde und nichts zum Desinfizieren ... – wie sollte das gehen?

Als ich den Verband öffnete, erschrak ich über das Ausmaß der Verletzung und den Zustand der Wunde. Die Frau sagte:

„Die Füße sind mir im Krieg erfroren. Wir flohen. Minus zwanzig Grad. Meine Schuhe waren kaputt. Da war ich fünf."

Folgen des Krieges! *Mehr als vierzig Jahre später so sichtbar, so schlimm!*, dachte ich entsetzt. So etwas hatte ich nie zuvor gesehen.

Ich beobachtete die Frau, wie sie fest ihre Lippen zusammenkniff (auf die Zähne beißen war ja nicht möglich) und mit ihren Händen das Bein festhielt, während ich die Wunde versorgte. Als nächstes würde ich den Arzt aufsuchen, um einiges zu besprechen. Da musste Verbandszeug her und Mittel zur Wundreinigung. Und die Frau brauchte noch ganz andere Dinge.

„Haben Sie Verwandte oder irgendjemanden, der Ihnen hilft?"

„Hab keine Eltern mehr, keine Geschwister. Nichts. Frau Meier guckt manchmal nach mir."

„Und wer gibt Ihnen zu essen?"

„Ich brauche nix", antwortete sie und griff wieder zur Zigarettenschachtel.

„Die holt mir Zigaretten."

Ich sah jetzt erst das Weckglas unter dem Stuhl mit undefinierbarer brauner Flüssigkeit und roch daran.

„Igitt! Frau Küfert, was ist das?"

„Pippi", antwortete die Frau und zündete mit zittrigen Fingern die nächste Zigarette an. Erschöpft ließ sie sich in die Kissen zurückfallen und blies dabei den Qualm an die Decke.

„Sie wissen ja, Frau Küfert, dass das sehr gefährlich ist, wenn Sie im Bett rauchen!", ermahnte ich sie – wohl wissend, dass es müßig war, ihr das zu sagen. Und tatsächlich antwortete sie mit zahnlosem Grinsen:

„Ach, Schwester, das mach ich schon immer so. Ich kann ja fast nur noch liegen."

Ein paar Tage später bekam ich den Auftrag, bei Frau Küfert eine gründliche Körperpflege durchzuführen, weil sie im Krankenhaus behandelt werden musste. Da in ihrer Wohnung kein Badezimmer war, fragte ich ein Stockwerk tiefer ihre Nachbarin:

„Frau Meier, Sie kümmern sich glücklicherweise um Frau Küfert. Dürfte ich für sie bitte Ihre Badewanne benutzen? Sie soll ins Krankenhaus, aber sie hat nicht einmal eine Waschschüssel in ihrer Wohnung."

Frau Meier willigte ein und nach vielem Überreden gelang es mir mit ihrer Hilfe, Frau Küfert die Treppe herunterzutragen und in die Badewanne zu setzen. Den verbundenen Fuß stützten wir so, dass er nicht nass wurde. Wider Erwarten genoss Frau Küfert das Bad. Ich versuchte, wenigstens das Gröbste an Schmutz und Grind von ihrer Haut zu entfernen.

„Jetzt wasche ich Ihnen die Haare", kündigte ich meine nächste Aktion an.

„Nein. Nein!", wehrte die alte Frau ab. „Das muss nicht sein."

„Oh doch, das muss auf jeden Fall sein."

Ich ahnte schon, dass das aufgesteckte, verfilzte Haar niemals wieder aufgelöst werden konnte. Und ich ahnte auch, dass mit Sicherheit reges Leben in ihrem Haarnest zu Hause war.

„Frau Küfert", sagte ich und setzte mich an den Wannenrand. „Sie müssen jetzt ganz tapfer sein. Ihre Haare sind sehr, sehr verfilzt und es sind gewiss Läuse darin. Es gibt keine andere Möglichkeit, als die Haare ganz abzuschneiden."

„Auf keinen Fall!" protestierte die alte Frau vehement. „Das kommt nicht infrage. Niemals."

„Wenn Sie mit diesen Haaren ins Krankenhaus kommen, wird die allererste Behandlung dort sein, dass Ihnen die Haare abgeschnitten werden. Darauf können Sie sich verlassen."

Ich hatte mich innerlich auf eine längere Auseinandersetzung eingestellt, und das war auch gut so. Aber Frau Küfert wurde doch einsichtig.

Die Kopfhaut sah schlimm aus, sodass ich sie anschließend ausgiebig behandeln musste, nachdem ich aus der Apotheke die entsprechenden Entlausungsmittel besorgt hatte. Ungefähr vier Stunden hat diese umfangreiche Körperpflege gedauert. Ich war zufrieden mit meiner Arbeit, als ich Frau Küfert auf dem Stuhl sitzen sah – mit frischer Kleidung und einem weißen, frischen Tuch um den Kopf gebunden.

„Sie sehen aus wie neu!", sagte ich zu ihr und reichte ihr die Hand.

„Wo sind meine Zigaretten?", fragte Frau Küfert nervös.

Nun, hier im Sitzen in der Küche war Rauchen vertretbar. Nach den ersten Zügen wurde sie sichtlich entspannter. So warteten wir beide auf den Krankenwagen, der Frau Küfert ins Krankenhaus bringen sollte.

Später erfuhr ich, dass sie nach dem Klinikaufenthalt in ein Pflegeheim gekommen war. Dort wurde sie – vielleicht zum ersten Mal in ihrem Leben – rundum versorgt. Wie es mit ihr weitergegangen ist, habe ich nie erfahren, aber ihr

Schicksal hat mich als damals noch junge Pflegekraft nachhaltig beeindruckt.

Fluch und Segen

Der Herr ist mein Fels, meine Festung und mein Erretter,
mein Gott, meine Zuflucht, mein sicherer Ort.

(Psalm 18,3; Hoffnung für alle)

Lydia war 97 Jahre, als sie zu mir kam. Ihre Tochter Petra brachte sie zu mir. Petra und ich kannten uns schon sehr lange. Lydia hatte eine leichte Demenz und brauchte Hilfe bei der täglichen Versorgung. Das heißt, sie konnte das Essen nicht mehr selbst zubereiten, wusste manchmal nicht, was sie bei der Morgentoilette machen sollte oder welche Tageszeit gerade war. Eigentlich war Lydia umgänglich und gewöhnte sich an den neuen Rhythmus bei mir.

Eines Tages stellte ich wie gewohnt die Tabletten nach der Mittagsmahlzeit an ihren Platz. Da sagte Lydia abwehrend:

„Die Tabletten nehme ich nicht. Du willst mich vergiften."

Ich schaute sie erschrocken an:

„Wieso sollte ich dich vergiften?"

„Ja, ich weiß, was du im Schilde führst", erwiderte Lydia und schaute mich mit bösem Blick an. Mich überlief ein Schauer. So etwas hatte ich noch nicht erlebt.

Manchmal sagten die Demenzkranken seltsame Sachen wie: „Du bist doch meine Tochter." Oder: „Ich brauche keine Hilfe! Zu Hause koche ich noch jeden Tag selbst mein Essen und für die ganze Familie koche ich mit." Aber dass ein Gast mich verdächtigte, ich wolle sie vergiften, das war schon eine andere Hausnummer. Und der Blick, den sie dabei aufsetzte, war so unheimlich, dass er mich erschaudern ließ.

Ich erklärte Lydia:

„Die Tabletten hat der Arzt verordnet, extra für dich, damit es dir gut geht." Der Arzt hatte normalerweise immer Autorität und seine Anweisungen wurden befolgt, aber dieses Mal half es nichts, sich auf den Doktor zu berufen. Lydia blieb dabei. Ich versuchte es mit Ablenken und begann zu erzählen, was ich gestern erlebt hatte und wie herrlich der Frühling sei. Aber Lydia fiel mir mit drohender Faust ins Wort:

„Du willst mich nur ablenken. Ich kenne dich."

Sie weigerte sich vehement, die Medikamente einzunehmen. Ich wusste, dass es keine lebensnotwendigen Medikamente waren, und so ließ ich sie gewähren in der Hoffnung, dass Lydia später wieder kooperieren würde.

Ich ließ sie also zunächst in Ruhe und setzte meine Arbeit fort. Auf einmal rief Lydia: „Ich will zu meiner Tochter."

„Oh, deine Tochter ist nach Österreich gefahren. Sie kommt erst morgen zurück."

„Auch das ist eine Verschwörung! Du glaubst, du kannst mich hier festhalten." Lydia stand auf und wollte auf den Balkon gehen.

„Meine Liebe", sagte ich beschwichtigend, stellte mich vor Lydia, um ihr in die Augen zu schauen und legte sanft die Hand auf ihre Schulter: „Petra kommt auf jeden Fall nach dem Urlaub und holt dich hier wieder ab."

Lydia schubste mich zur Seite und wurde laut:

„Du hältst mich hier gefangen. Ich rufe die Polizei!" Jetzt schrie sie fast.

Ich ließ sie gehen und versuchte, in der Küche weiter aufzuräumen. Lydia ging indessen auf den Balkon, aber ich behielt sie im Blick. Auf dem Balkon konnte nichts passieren, und ich hoffte, sie würde sich einfach dort hinsetzen und beruhigen. Aber ich hatte mich getäuscht. Lydia ging auf und ab und schaute, ob es eine Möglichkeit gäbe, den Balkon zu verlassen und auf die Straße zu gelangen. Plötzlich hörte ich sie rufen.

„Hilfe! Hilfe!"

Erschrocken lief ich auf den Balkon. *O nein, was, wenn Lydia die vorbeikommenden Leute anfleht, die Polizei zu rufen!* Aber es war schon passiert. Karo, meine 14-jährige Nachbarin, war stehen geblieben, hatte ihre Kopfhörer abgenommen und fragte Lydia:

„Was ist denn passiert? Brauchen Sie Hilfe?"

Karo war ganz nah an den Balkon herangetreten und schaute zu Lydia hoch. Diese beugte sich ein wenig nach vorne und rief:

„Die halten mich hier gefangen. Ruf die Polizei!"

Karo schaute irritiert um sich.

„Ich komme zu Ihnen. Einen Augenblick."

Entschuldigend sagte ich zu Karo:

„Oh, leider hat Lydia gerade Schwierigkeiten mit der Orientierung und außerdem hat sie Heimweh. Ich versuche, ihr zu helfen und sie abzulenken. Magst du reinkommen? Die hintere Tür ist offen."

Insgeheim hoffte ich, dass die Gegenwart des Mädchens Lydia ablenken könnte.

Karo kam gerade durch die Hintertür herein, als es mir mit viel Überredungskunst gelungen war, die aufgebrachte alte Frau wieder ins Haus zu bugsieren. Lydia musterte Karo von oben bis unten:

„So ein verlottertes junges Ding!", schimpfte sie böse. „Mit kaputten Hosen und grün gefärbten Haaren läuft sie da herum. Die Stöpsel im Ohr und knallrote Lippen. Pfui!"

Erschrocken über so viel Patzigkeit fasste ich Lydia am Arm, schaute sie streng an und sagte mit respektvollem Nachdruck:

„Meine liebe Lydia ..."

„Meine liebe Lydia", äffte diese mich nach.

„Weißt du", fuhr ich unbeirrt fort und wies auf Karo, die betroffen abseits stand, „dieses Mädchen ist meine liebe

Nachbarin, und ich dulde nicht, dass du sie beschimpfst. Ist das klar!?"

Lydia schaute unter sich und schmollte. Dann wandte sie sich wieder der Balkontür zu und wollte sie öffnen. Jetzt war sie verschlossen und Lydia fluchte.

„Was zum Teufel ist mit euch los?!"

Sie begann, gegen die Scheibe zu trommeln, sodass ich Angst bekam, sie würde zerbrechen.

Plötzlich hatte ich eine Idee. Ich setzte mich ans Klavier und spielte das alte Frühlingslied: „Im Märzen der Bauer". Ich hoffte, das würde Lydia beruhigen. So jedenfalls hatte ich das oft erlebt, wenn jemand von meinen alten Gästen unruhig wurde.

Unschlüssig stand Karo bei Lydia, als diese bereits bei den ersten Klavierklängen laut zu schimpfen begann. Ebenso laut und erstaunlich resolut wies das junge Mädchen sie zurecht:

„Jetzt hören Sie endlich auf, hier rumzubrüllen!"

Resigniert klappte ich den Klavierdeckel zu und stand auf. Ratlos sah ich von einer zur anderen; sah die sehr junge und die sehr alte Frau an und dachte: *Was für ein Kontrast!*

„Was soll ich bloß machen mit dir, Lydia?"

„Zum Teufel!", schrie Lydia.

„Den gibt es hier nicht!", entgegnete ich gelassen.

„Halt dein Maul!" Lydia wurde immer ausfälliger.

Ich wandte mich an das junge Mädchen und fragte:

„Was sagst du dazu?"

Die zuckte nur mit den Schultern, steckte ihre Kopfhörer wieder ein und sagte beim Hinausgehen leise:

„Die Alte hat 'n Knall."

Ich sog hörbar die Luft ein.

Da schrie Lydia mich an: „Ich verfluche dich! Ich verfluche dich!"

Oh, oh, dachte ich, *Fluch! Das ist eine dunkle Nummer. So etwas habe ich hier noch nicht erlebt.*

Gleichzeitig stieg tiefes Mitleid in mir auf. Wie kann bei einem Menschen, der fast hundert Jahre auf dieser Erde gelebt, gearbeitet, gelernt und auch Leben weitergegeben hat, so viel Hass und Bitterkeit zutage treten? Was nur mochte in ihrem Herzen kultiviert worden sein?

Vorsichtig näherte ich mich der aufgewühlten Frau und sah sie voll Liebe an.

„Lydia", begann ich freundlich, „hier in diesem Haus herrscht der Segen. Ich segne dich."

Als hätte ich Feuer an die Zündschnur gelegt, brüllte Lydia so laut, dass mir ganz bange wurde:

„Verflucht ...", schrie sie drei Mal. „Der Teufel soll dich holen!" Traurig ließ ich von ihr ab.

Vorsichtshalber sicherte ich die Ausgänge ab, damit Lydia nicht in Gefahr geriet. Innerlich betete ich für die alte Frau, dass sie zur Ruhe kommen möge.

Nach ein paar Stunden war Lydia erschöpft und hatte keine Kraft mehr zu zetern. Ich dachte viel darüber nach, was das alles zu bedeuten hätte. Es hörte sich unheimlich an, mit einem Fluch belegt zu werden. Aber gerade jetzt wurde mir mehr denn je bewusst, welche unglaubliche Macht die Liebe Gottes haben kann, wenn sie im Herzen eingepflanzt ist. Kein Fluch dieser Welt kann daran etwas ändern! Tiefer, spürbarer Frieden erfüllte mich während Lydias Wutattacke und eine Geborgenheit, als sei ich in einer Festung sicher aufgehoben. Tatsächlich hatte ich das Bild einer alten Burg mit dicken Mauern vor meinem inneren Auge.

Aber gleichzeitig war da ein unbeschreibliches Erbarmen mit Lydia, die in Wut und Hass gefangen war und gegen etwas zu kämpfen schien, was sie extrem ablehnte. Was nur mochte der Grund oder der Auslöser dafür sein? Traurigkeit, Müdigkeit, irgendein körperliches Unwohlsein oder Angst? Lydia nahm keine Medikamente gegen Depression oder andere psychische Erkrankungen. Ihre Ausfälligkeiten ließen also nicht auf eine psychische Erkrankung schließen. Von Petra, Lydias Tochter, hatte ich keine Informationen, dass ihre Mutter vorher je solche Anfälle gehabt hätte. Für mich blieb dieser wüste Ausbruch ein Rätsel.

Am nächsten Tag durfte Lydia wieder nach Hause gehen.

Ein paar Tage später traf ich die junge Nachbarin auf der Straße. Ich entschuldigte mich bei Karo für die hässlichen Worte, die Lydia zu ihr gesagt hatte. Sie gab sich cool und meinte:

„Du kannst ja nichts dafür, wenn die Alte vom Teufel

geritten wird. Du hast mir eher leidgetan. Ich hab's eh nicht so mit den Alten, kann alte Leute nicht leiden. Ich finde es krass, was du hier machst. Alle Achtung!" Dann grinste sie:

„Aber wie gut, dass nicht gerade Erika hier vorbeikam, sondern nur ich."

Auch ich musste schmunzeln und dachte: *Die gute Erika hätte ebenso den Segen Gottes herbeigerufen.*

Erika ist auch eine Nachbarin. Und Christin. Und Polizistin.

EPILOG

Hoffnung über den Tod hinaus

Das Alter ist nicht zu vergleichen mit dem letzten Akt einer Tragödie, nachdem der Vorhang fällt und die Lichter gelöscht werden. Vielmehr gleicht es den letzten Takten der Ouvertüre, nach denen der Vorhang aufgeht, das Licht erstrahlt und das Eigentliche beginnt.

(Verfasser unbekannt)

Die Erlebnisse und Erfahrungen, die ich durch die Begegnungen mit den alten Leuten gesammelt habe, sind unglaubliche Schätze. Kostbare Menschengeschichten. Tiefe Einsichten in zahllose Lebensabschnitte: tragisch, lustig, ermutigend, kurios.

Meine Interessen und Pläne für die nächsten Jahre haben sich verlagert und daran will ich arbeiten. Darum habe ich mein Betreuungsangebot mittlerweile sehr reduziert. Außerdem ist meine eigene Mutter inzwischen 93 Jahre alt und gebrechlich geworden. Meine Schwester Christina pflegt und versorgt sie zwar, aber ich möchte mich auch in die Betreuung einbringen, solange meine Mutter noch lebt.

Auch mit ihr erleben wir besondere Momente. Meine Mutter Dora ist eine unglaublich gütige Frau. Ihr Leben lang hat sie an ihrem Charakter gefeilt und gearbeitet und in fragender Demut ihren Glauben an den Gott der Bibel gelebt. Dora hat im Laufe ihres Lebens eine umfassende Liebe erlernt und eingeübt: durch die riesige Aufgabe, zehn Kinder zu erziehen, in ihrer Ehe, in elementaren Streitigkeiten und Ablehnung vonseiten der Verwandtschaft, in finanziellen und wohnbedingten Krisen. Ihre Lebenshaltung ist für uns Kinder nachahmenswert. Obwohl sie vielseitig begabt ist, eine Powerfrau, topfit und gesund war, hat sie das alles Gottes Freundlichkeit zugeschrieben.

Selbst mit 93 Jahren ist sie noch bereit, sich korrigieren zu lassen, obwohl sie körperlich sehr schwach geworden ist. Mental ist sie präsent, wenn meine Schwestern und ich bei ihr sind.

Überhaupt: Wenn Besuch da ist, will sie wissen, wie es den Leuten geht und hört sich an, was diese aus ihrem Leben erzählen. Ob das ein Enkel ist, eine Nachbarin, Missionare aus Papua-Neuguinea oder Freunde. Jeder ist ihr wichtig und jeder spürt das.

Besonders freut sie sich, wenn eins ihrer Kinder oder Enkelkinder kommt. Natürlich ist es auch für mich heraus-

fordernd, die einst starke Mutter so gebrechlich und hilf-
los zu erleben. Die fremden, alten Menschen kenne ich nur
in hilfebedürftiger Verfassung und weiß nicht, wie sie früher waren.

Aber hier bei meiner Mutter ist es anders. Sie ist nicht
mehr taff und fit und keine Powerfrau mehr, die alles in die
Hand nimmt. Sie ist auf die Hilfe ihrer Kinder angewiesen.
Dora selbst lässt sich bewusst darauf ein. Manchmal meine
ich sogar wahrzunehmen, dass sie es genießt, so umsorgt
zu werden. Wie gut!

Bei aller Herausforderung ist da eine ungewöhnlich gute
Beziehung zwischen unserer Mutter und uns Kindern, in
der wir einander Dinge sagen können, die woanders möglicherweise als verletzend wahrgenommen werden. Eine
solche Begebenheit war vor einigen Wochen.

Ich begrüßte Mama am Bett und warf dabei das Glas Wasser
auf ihrem Nachttisch um. Alles war nass: Mutters Handta-
sche, ihre Pantoffeln, der Teppich. Ich entschuldigte mich,
aber kurz danach passierte es mir noch einmal! Mein Mann
Uwe, der mich zu ihr gefahren hatte, sagte beim Abschied:

„Dann wünsche ich euch eine gute Zeit." Mutter bedankte
sich und meinte mit einem Augenzwinkern:

„Du kannst sie ruhig immer wieder bringen, auch wenn
sie dauernd mein Wasser umschüttet."

Ein anderes Mal saß meine Mutter auf dem Bett und
wollte Schokolinsen essen. Sie hatte allerdings keine

Geduld zu warten, bis ihr jemand dabei half, einige Linsen aus der Tüte zu nehmen, probierte es daher selbst, und beim Aufreißen fiel ihr die Tüte herunter und die Schokolinsen verteilten sich auf dem Fußboden. Es war der Abend nach einer sehr anstrengenden Anstreich- und Umräumaktion. Ich war gerade bei ihr und dachte nur: *Nein! Nicht jetzt!,* und ließ mich frustriert auf den Stuhl fallen. Mutter schaute erschrocken und ein bisschen verschmitzt drein, wie sie das oft tat.

„O nein, Mama! Das kann ja jetzt wohl nicht wahr sein! Das ist auch nicht zu entschuldigen!", reagierte ich leicht genervt, aber nicht wirklich ernsthaft sauer. Eigentlich war die ganze Situation auch eher komisch. Inzwischen war auch meine Schwester dazugekommen und sah die Bescherung. Da sagte Mutter tatsächlich:

„Ja, wenn sich hier auch keiner um mich kümmert ...", und grinste dabei.

Das machte alles noch witziger. Wir Schwestern schauten uns an, sprachlos über diese trockene Bemerkung und gleichzeitig amüsiert über so viel gespielte Dreistigkeit. Ich tat empört:

„Also, wenn das so ist, war ich das letzte Mal hier."

„Untersteh dich", drohte Mutter lachend mit dem Zeigefinger.

Christina empörte sich ebenfalls:

„Und was ist mit mir? Ich muss dann hier allein aushalten mit ihr, oder was!?"

Wir bogen uns vor Lachen. Ich setzte noch einen drauf und plädierte:

„Nein, dann muss Mama eben ins Altenheim."

Selbst Mutter musste so lachen, dass sie Mühe hatte, Luft zu holen und ihre Wangen waren mehr blau als rot. Als sie sich wieder gefangen hatte, stöhnte sie mühsam, immer noch unter Lachen:

„Ach nein, Kinder! Das kann ich mir nicht mehr erlauben." Damit meinte sie das – im wahrsten Sinne des Wortes – atemberaubende Lachen.

Dann wollte sie die Linsen vom Boden tatsächlich selbst aufheben. Ich verwehrte es ihr und meinte:

„Siehst du, im Altenheim gäbe es extra Dienstleute dafür!", und das Gelächter ging von vorne los.

Das letzte Mal war ich zufällig dabei, als der Hausarzt kam, um ihr eine Impfung zu verabreichen. Der Arzt (übrigens der best, den es gibt!) bereitete die Spritze vor und Mutter sagte:

„Wieso muss ich die Impfung noch haben? Ich bin doch schon auf dem Absprung."

Solche Bemerkungen machen deutlich, dass ihr klar ist, dass sie bald sterben wird, und hin und wieder spricht sie auch darüber.

„Ja, das ist völlig in Ordnung, dass Sie auf dem Absprung sind, das dürfen Sie auch", antwortete der Arzt geduldig. Es ist eine große Erleichterung für alle Beteiligten, wenn die

Tatsache, dass das Leben endlich ist, bei Gesprächen nicht mühsam ausgeklammert werden muss. Mit alten Menschen offen über den meist nahen Tod sprechen zu können, ist ein großes Geschenk, wie auch die folgende Episode deutlich macht.

Wieder einmal beim Mittagstisch spielte sich folgende Situation ab: Meine Mutter aß mit viel Mühe ein paar wenige Löffel Kartoffeln, Hähnchensoße und Mangold – mundgerecht und weich zubereitet. Christina fragte:

„Soll ich das noch mal pürieren?" Pause.

„Oder möchtest du lieber ein kleines Brot mit Frischkäse?"

Mutter hielt in ihrer Schwäche immer wieder den Kopf mit den Händen. Es sah aus, als wollte sie sagen: *Ach, lasst mich einfach in Ruhe*. Aber dann grinste sie auf einmal und fing an zu lachen.

Zu mir hingewandt, weil ich am nächsten saß, flüsterte sie:

„Wie gut, dass du da bist."

Christina witterte eine kleine Verschwörung und fragte laut nach:

„Was, bitte, hast du gerade gesagt?"

Ich wiederholte es für sie, weil sie oft sehr, sehr lange für eine Antwort braucht. Darauf Christina:

„Und warum ist das gut, dass Hanne hier ist?"

„Weil dann nicht nur *du* was sagst ..."

Christina überlegte einen Moment und meinte dann:

„Du weißt ja, dass ich bald vier Wochen Urlaub mache."

Mutter horchte auf und schaute uns Töchter an. Dann grinste sie und sagte:

„Ich auch!" Fragendes Schweigen setzte ein. Sie ergänzte: „Aber ich komme nicht wieder zurück."

Ich dachte: *Woanders würde jetzt betretenes oder peinlich berührtes Schweigen herrschen. Aber hier in diesem harmonischen Kontext nicht.*

Christina lachte nach dieser Bemerkung schallend auf. Meine Schwester hat ein schönes, ansteckendes Lachen, und Mutter lachte mit.

So ist sie, die alte Dame, die Queen, wie sie liebevoll von uns Kindern genannt wird. Bei aller zunehmenden Schwäche genießt sie die Zuwendung und Betreuung ihrer Töchter! Da ist Vertrauen und Geborgenheit, Gelassenheit und ein Frieden, der beispiellos ist.

Manchmal kommt ihre resolute Art noch einmal zum Vorschein. Normalerweise ist sie abends um 18.30 Uhr so erschöpft, dass sie ins Bett gebracht werden muss. Das hat sich so eingespielt. Als wir, ihre sechs Töchter, vor einiger Zeit alle da waren, wollte Christina ihr wie üblich um 19 Uhr helfen, sich hinzulegen. Mama reagierte empört:

„Ich will doch jetzt noch nicht ins Bett!"

„Okay, Mama … alles gut!", erwiderte meine Schwester

gelassen. Und so blieb sie wacker bis beinahe Mitternacht dabei.

Alte Menschen sind mitunter ein Rätsel. Ein Rätsel, das nicht gelöst werden muss. Die Alten sind, wie sie sind. Vor allen anderen Dingen aber verdienen sie Betreuung und Versorgung, Respekt und Hochachtung! Ich glaube, wenn wir sie im rechten Licht sehen lernen, wenn wir anerkennen, dass *sie* es sind, die uns geprägt, an uns geglaubt und uns erzogen und geliebt haben, fällt es leichter, ihnen die Achtung zu geben, die ihnen zusteht. Vielleicht ist es tatsächlich ein Fokussieren auf genau diesen positiven Aspekt. Denn wir alle machen Fehler und werden aneinander schuldig. Wir alle brauchen immer wieder Vergebung, sowohl von unseren Mitmenschen als auch von Gott durch Jesus Christus.

Natürlich ist es trotzdem eine besondere Herausforderung, wenn wir alte Menschen zu pflegen haben. Und wenn dann noch Demenz hinzukommt, kann die Pflege einen schnell an die Grenzen bringen. Dennoch: Mit den Augen der Achtung und Liebe betrachtet, kann diese Aufgabe auch erfüllend sein. Und sie kann als Chance wahrgenommen werden, sich mit der eigenen Begrenztheit, Verletzlichkeit und Bedürftigkeit auseinanderzusetzen. Es ist auch nicht verkehrt, sich mit dem Gedanken vertraut zu machen, dass uns all das irgendwann selbst in einem viel stärkeren Maß betreffen kann, als wir uns heute vorstellen können.

Manchmal erlebe ich sogar, dass Kinder es als ein Privileg empfinden, die geliebte Mutter oder den Vater bis zum Lebensende zu umgeben und zu pflegen.

Wenn ich an das Jubiläumsfest in meinem Garten zurückdenke, erinnere ich mich nicht nur an die festliche Stimmung, den herrlichen Sonnenschein und die duftenden Sommerblumen, sondern auch besonders an schöne und wohltuende Beziehungen, die ich in meinem privaten Pflegehaus erlebt habe, oder von denen mir erzählt wurde. Fürsorgliche und liebevolle Bindungen zwischen Eltern, Kindern und Großeltern.

Das ist ein großer Schatz, den ich bewahren möchte und den ich gern teile – hier in diesem Buch und anderswo.

Hilfe im Alltag mit Demenz

Das Buch von Norbert Rose vermittelt im ersten Teil Informationen über das Krankheitsbild sowie bewährte Hilfen für den Umgang mit Betroffenen. Im zweiten Teil beschäftigt es sich mit den Auswirkungen einer Demenz auf den eigenen Glauben. Es bietet Hilfen, dem Vergessen mit bekannten Ritualen, Texten und tröstenden Liedern entgengenzuwirken. Dazu enthalten sind Anregungen zur Gestaltung von gottesdienstlichen Feiern sowie Andachten zu zehn bekannten christlichen Liedern.

Die dazu passende Begleit-CD mit Chor-Aufnahmen bekannter Lieder und Choräle in bewusst tieferer Tonlage regt zum Mitsingen an.

Geschichten zum Schmunzeln

„Wer im Leben nicht alles todernst nimmt und über sich selbst schmunzeln kann, wird die lockeren Häppchen mit Genuss zu sich nehmen. Ganz nebenbei wird er zu mancher grundlegenden Lebensfrage geführt."

Leserstimme

Alterstypische Pleiten, Pech und Pannen im Haushalt, Urlaub, Garten und Ehrenamt, in der Ehe und der Kirche.

Der Nachfolgeband zum Bestseller *„Jede Falte hart erlacht"* mit neuen intelligent selbstironisch erzählten Episoden aus dem realsatirischen Alltag des sympathischen – natürlich völlig untypischen – Ehepaars Roswitha und Wolf-Rüdiger.

Andreas Malessa • Retro sind wir einfach cooler
Gebunden • 112 Seiten • ISBN 978-3-95734-895-1